Haniel Long

Die Schiffbrüche des Cabeza de Vaca

Bericht über die Wanderung und das Leben des spanischen Edelmannes Cabeza de Vaca unter den Indios der Neuen Welt in den Jahren 1528 bis 1536.
Mit einem Vorwort von Henry Miller

Tanner + Staehelin Verlag

Übersetzung und Materialien-Texte von Roland Wächter
Haniel Longs Texten wurde die Übersetzung von Hildegard von Barloewen zugrunde gelegt.

Waserstrasse 16, CH-8029 Zürich

1.-4. Tausend September 1980

Bindung und Druck: Druckhaus Rombach+Co, Freiburg i. Br.
Gestaltung: Elisabeth Brun
Herstellung: Christian G. Staehelin
Illustration: Bonaventura van Eerd
Lithos: Mario Baumann, Zürich
Satz (Inhalt): arpa, Langnau a.A.
Satz (Titel): Optisatz, Zürich
Umschlag: Bonaventura van Eerd, Elisabeth Brun
Einen lieben Dank an Giovanni Blumer für seine Unterstützung!

ISBN 3-85931-045-3

Inhalt

Vorwort
Henry Miller

Seit der Reise durch mein Buch «Der vollklimatisierte Alptraum» bin ich beständig besessen vom Gedanken, dass das grösste Unglück des weissen Mannes sich hier auf diesem (amerikan.) Kontinent ereignet hat. Schon als Kind war ich beeindruckt von der Geschichte, wie die Indios die ersten weissen Ankömmlinge als Götter begrüssten. Als Erwachsener, und besonders als Amerikaner, wurde ich durch den Bericht unserer beschämenden Beziehungen zu den Indios und Indianern in einem Masse traurig, das alles überstieg, was ich angesichts der Unmenschlichkeit des Menschen je empfunden hatte. Noch später gelangte ich dazu, diesen Abschnitt unserer Geschichte in einem andern, vielleicht noch traurigeren Licht zu sehen: Mit der Weigerung des weissen Mannes, die Rolle zu übernehmen, die man von ihm erwartete, wurde für mich eine Gelegenheit verspielt, eine Gelegenheit, die der Mensch möglicherweise nie mehr haben wird.
Da las ich die Geschichte von Cabeza de Vaca, von den Wundern, die er nicht nur für sich, sondern auch für andere vollbrachte. Das war der erste helle Fleck, den ich in der Geschichte der 'conquistadores' antraf. Es ist ein heller Fleck auch in der Geschichte der Menschheit, sollte ich hinzufügen, denn wie der Autor in seinem Nachwort sagt, «an einem bestimmten Punkt hört Cabeza auf, eine historische Persönlichkeit zu sein, und wird zum Symbol». Es ist diese Sicht der Reise Cabezas, die mich Haniel Longs Bericht allen andern vorziehen lässt; seine interlineare* Methode versetzt das Ge-

* interlinear: Siehe Anmerkung und Glossar S. 54

schehen auf eine Ebene, auf der es mit andern grossen geistigen Ereignissen vergleichbar wird: mit den Ereignissen in der endlosen Kette unserer Selbstbefreiungsversuche. Für mich liegt die Wichtigkeit dieses historischen Berichtes nicht in der Tatsache, dass de Vaca und seine Männer als erste Europäer den amerikanischen Kontinent durchquerten; nicht darin, dass sie eine Spur ausbrannten, der andere Forscher folgen sollten, oder dass ihre Wanderungen die Existenz einer Landmasse von kontinentaler Grösse nördlich von Neu-Spanien bewiesen; und nicht einmal darin, dass de Vaca durch seine flammenden Proteste die barbarischen Sklavenjagden in jener Region beendete; für mich liegt seine Wichtigkeit darin, dass dieser einstige Soldat und Eroberer inmitten seiner Prüfungen, nach Jahren des ergebnislosen, bitteren Umherwanderns, fähig sein sollte zu sagen: «Ich werde die Welt lehren, wie man durch Güte erobert, nicht durch Blutvergiessen.» Denn während seiner Mühsale – und Triumphe – gelangte Cabeza de Vaca schliesslich zur Auffassung, dass 'der Mensch soviel ist, wie er vor Gott ist, und nicht mehr', um die Worte des heiligen Franziskus zu gebrauchen. Diese Reise ist der einfache, herzzerreissende Bericht eines Mannes, der, vollständig entblösst, jeden Augenblick seines Lebens im Anblick Gottes handeln musste.

So schrecklich es war, von seinen Gefährten getrennt zu sein; so schrecklich es war, tage- und wochen-, manchmal monatelang ununterbrochen nackt und hungrig zu sein; so schrecklich und erniedrigend es war, zum Sklaven gemacht zu wer-

den von den Leuten, die man zu unterwerfen gekommen war; das Schlimmste, wie eine Stelle richtig betont, war, «sich nach und nach trennen zu müssen von den Gedanken, die für einen Europäer die Kleider der Seele sind, vor allem von der Idee, dass Dolch und Degen . . . die Stärke eines Mannes ausmachen.» Wie beredt sind des Spaniers einfache Worte, wenn er gegen Ende dieser Reise andern Spaniern begegnet, die unterdessen das Land verwüstet und die Indios versklavt hatten. «Beim Anblick dieser Räuber», schreibt er, «war ich zum Anblick jenes spanischen Edelmannes gezwungen, der ich selber vor acht Jahren noch gewesen war.»
Dieses Motiv kommt immer wieder vor: Der Mensch, der ich war, gegen den Menschen, der ich jetzt bin. Die Bekehrung war nicht nur gründlich und umfassend, sie ist in Cabezas Bewusstsein auch in einem Grade lebendig, der es fast unerträglich macht, davon zu lesen. Hier muss ich Haniel Long wieder meine Bewunderung dafür ausdrücken, dass er den Mut hatte, Cabezas Bericht noch einmal anschaulich neu zu schreiben. «Zum Verständnis solcher Tage und Ereignisse wird dieser zusätzliche Bericht hier notwendig, gleichsam als wirkliche Gestalt neben einem Gespenst.» Diese Passage steht in einem interlinearen Teil, nachdem erzählt worden ist, wie die Wunder bewirkt wurden. Dann folgt ein Gespräch zwischen de Vaca und demjenigen mit dem Namen Andrés. Und Andrés sagt: «Es sind nicht Wunder, was diese Menschen brauchen. Sie brauchen all das, was uns das Schicksal genommen hat, als es uns nackt und auf gleichem Fuss mit

ihnen unter sie verschlug.» Worauf de Vaca entgegnet: «Wir wollen uns die Wahrheit eingestehen, Andrés: alles was wir jenseits des Wassers lernten, haben wir wegwerfen müssen. Nur was wir als Kinder in den Armen unserer Mütter lernten, ist uns geblieben, um andern helfen zu können.»

Die Kommentatoren neigen dazu, gegenüber diesen Wundern eine zweideutige Haltung einzunehmen. Nicht imstande, die Tatsache der Ereignisse leugnen zu können, versuchen sie, diese mit der Andeutung wegzuerklären, dass die Spanier bewusst oder unbewusst nicht etwa die indianischen Schamanen nachgeahmt hätten. Man lobt die Bescheidenheit der Spanier, da sie ihren Erfolg der direkten Hilfe göttlicher Macht zuschrieben; aber im selben Atemzug will man die Übertreibungen und Einbildungen ihrer überhitzten Vorstellungskraft entschuldigen. Mir scheint, mit dieser Haltung werde die Frage vollständig umgangen, denn wenn schon die Kräfte von de Vaca und seinen Leuten verdächtig gemacht werden, was bleibt dann von der Heilkunst der Schamanen übrig? Die Frage nach dem Wesen dieser Kraft beschäftigte die Spanier sehr. «Was mich beschäftigte», heisst es in der Erzählung, «war die Frage, ob ich selbst sie richtig anzuwenden wisse, sie meistern könne, ob es mir überhaupt zukäme, sie zu meistern, da sie vielleicht als selbsttätige Kraft durch mich nur ihren Weg nahm.» «Da wir Europäer waren, glaubten wir, unsere Fähigkeit zu heilen an die Aerzte und Priester abgetreten zu haben... *Wir waren mehr, als wir gedacht hatten.*» Das wird wiederholt: «Mehr zu sein als ich gedacht hatte – ein ganz neues

Gefühl für mich.» Die Spanier sprechen von ihrer Hemmung, die Heilungen in Gegenwart der andern zu bewirken. Darauf folgt die bedeutungsvolle Aussage: «. . . in dieser einsamen Wildnis konnte keine Faser des Körpers die geheimnisvolle Kraft hemmen.» Ich bin mir natürlich bewusst, dass vieles in diesen Sätzen 'interlinear' ist, wie viel, ist mir gleichgültig. Das Wichtige, das man behalten sollte, ist, was gerade das Interlineare aufzeigt, dass nämlich vor vierhundert Jahren die Europäer etwas verloren hatten, was die Indios immer noch besassen. Keiner unserer Medizinmänner ist fähig, diese wunderbaren Heilungen zu bewirken, trotz ihres grösseren Wissens und ihrer besseren Ausbildung. Dass die Spanier ihre Heilkräfte erst dann erwarben, als ihr Leben in Gefahr war, scheint bisher übersehen worden zu sein. Hätten sie, geschickt und schlau, die Praktiken der Schamanen beobachtet, so hätten sie diese Kräfte nutzen können, lange bevor sie in eine solche extreme Situation geraten wären. Was wir wissen möchten, ist, wie und warum diese Methoden funktionieren, und, wenn sie damals funktionierten, warum sie dies heute nicht mehr tun sollten.
Die Antwort auf dieses Rätsel gibt vielleicht am besten de Vaca selbst am Ende der Erzählung. «Die Kraft, in andern das Leben zu bewahren, lebt in jedem von uns, und aus jedem von uns weicht sie, wenn wir sie nicht nützen.» Diese Antwort wird immer eine Herausforderung für diejenigen sein, die ihre Hoffnungen und ihr Vertrauen auf eine äussere Staatsform setzen und jede persönliche Verantwortung leugnen. Nie war diese Täu-

schung einflussreicher als heute. Unsere ganze Epoche neigt zum Verzicht auf persönliche Kraft und individuelle Autorität. Trotzdem sind Wunder vollbracht worden, aber von welcher Art und zu welchem Preis! Erst die Zukunft wird zeigen, ob, wie de Vaca sagt, «das Leben in Gemeinschaften unsere Milch eintrocknen lässt.»

Ich glaube – und aus diesem Grund werde ich nie von diesem Büchlein zu sprechen aufhören –, dass dass die Erfahrung dieses einsamen, verlassenen Spaniers in der Wildnis Amerikas das ganze Demokratie-Experiment der modernen Zeit wertlos macht. Lebte er heute nochmals und bekäme die Wunder und Schrecken unserer Zeit zu sehen, so würde er sofort zu der einfachen, wirksamen Lebensweise zurückkehren, die er vor vier Jahrhunderten gewählt hat. Ich glaube, der heilige Franziskus würde das gleiche tun, und Jesus, und der Buddha, und alle, die das Licht gesehen haben. Ich kann nicht den kleinsten Augenblick lang glauben, dass sie von unserer Lebensweise irgend etwas lernen müssten. Die Gläubigen dieser Welt werden mir zustimmen, ich weiss, aber ihr Handeln spricht eine andere Sprache. De Vaca hatte gelernt, dass man durch Glauben heilen, durch Güte erobern kann. «Es ist merkwürdig», schreibt er, «wenn man ausserhalb seiner selbst niemanden und nichts hat, worauf man sich verlassen kann.» Ja, es ist wirklich merkwürdig. «Um zu verstehen, was 'nichts haben' heisst, muss man wirklich nichts haben.» Richtig. Und doch: wer ausser einer Handvoll von Menschen in der ganzen Geschichte hat diese Erfahrung zu machen gewagt?

Die Lenker der Welt versprechen dies und das, immer Freiheit, Ehre, Sicherheit – und Arbeit. Ihre Versprechen sind leer, haben sich immer und immer wieder als leer erwiesen. Aber leere Menschen lieben leere Versprechen. Wer rät: «Schau in dich, die Kraft liegt in dir selbst!» wird als Träumer und Irrer angesehen. Doch gerade das sind die Menschen, die Wunder vollbracht und die Welt verändert haben. Keiner von ihnen sprach von Besitz, Sicherheit, Ehre oder Freiheit. Sie sprachen von Gott und seiner Allgegenwärtigkeit, von seiner Gegenwart auch in der Seele der Ungläubigen. Sie sprachen von den Geboten des Herzens, von Hingabe und Aufopferung, vom Dienst am Mitmenschen, von Wohltätigkeit, Liebe, Toleranz und Geduld, von Demut und Vergebung. Cabeza de Vaca war einer der wenigen Menschen dieser grossen Hemisphäre, der nach diesen Grundsätzen des Vertrauens handelte. Die einfache Geschichte seiner Erleuchtung, seines unwiderruflichen Sinneswandels, löscht die blutigen Erzählungen über Cortés und Pizarro – und über all die Eroberer der Welt seit unvordenklichen Zeiten – aus. Sie lässt uns glauben, was tief in unserer Seele wir alle wissen: dass ein Mensch auf seinem Weg immer und überall anhalten und von der Wahrheit, die sich ihm zeigt, in seinem Handeln ein Beispiel geben kann. Sie lässt uns überdies glauben, dass in Wirklichkeit nur dies den Menschen je befriedigen wird. Und das, glaube ich, ist der Sinn der Reise, die wir alle machen.

Die Schiffbrüche des Cabeza de Vaca

Majestät, ich bin jener Nuñez Cabeza de Vaca, der Euch kürzlich einen Bericht sandte über seine Schiffbrüche und Missgeschicke während der acht Jahre, die er Euren Herrschaftsgebieten fern war. In schmerzlichem Zweifel, ob meine Worte deutlich genug waren, schreibe ich nochmals. Da meine Anliegen Eurer Majestät neu sind und bei einem flüchtigen Blick Euer Ansehen nicht betreffen, könntet ihr meine Erzählung vielleicht als eine zu armselige Angelegenheit betrachten, um Eure durchlauchte Kraft des Verstehens daran auszuüben. Der Fehler läge dann bei mir und nicht bei dem, was ich zu sagen habe. – Seid mir ein nachsichtiger Leser, Majestät. Gewährt mir Eure Gnade.

Ich nahm teil an der Schlacht von Ravenna im Jahr 1512. Zwischen Sonnenaufgang und -untergang liess jener Tag Tausende zugrunde gehen. So jung ich war, Ravenna belehrte mich doch ein wenig darüber, wie leicht ein Mensch in Stücke zu reissen und auszulöschen ist, an Körper und Geist. Niedergeschlagen von meiner ersten Begegnung mit diesem Abschlachten, sah ich in den Tagen, die folgten, ein fernes Licht, hörte Töne einer fernen Musik. – Solche Worte dienen so gut wie irgend andere: was könnte einen Vorgang in den Schatten der Seele beschreiben?

Und wieder hörte ich jenen fernen Fetzen Musik während der Unruhen von Sevilla im Jahre 1521, wo ich unter dem Herzog von Medina-Sidonia kämpfte.

Sieben Jahre vergingen ohne das Aufblitzen jenes inneren Feuers, und ich vergass es. Sevilla war damals eine wunderbare und beunruhigende Welt. Ich sah die Ketzer in den Armen der Eisernen Propheten brennen. Ich sah den Greis Kolumbus, den Jüngling Magellan. Die Seeleute kamen an Land mit Papageien und Goldbarren und Indiomädchen.

Dann segelte auch ich über die Meere, als Schatzmeister der Expedition unter Pánfilo Narváez.

Beim Anblick Teneriffas musste ich den ganzen Tag an meinen Grossvater, den Eroberer von Gran Canaria, denken. In meiner Kindheit war ich von den Eingeborenen dieser Insel, den Guanches, die er als Sklaven heimbrachte, umgeben gewesen. Ich hörte ihrem unverständlichen und melancholischen Gesang zu und lernte, mich bei Menschen ohne Sprache wohl zu fühlen.

Um sich das Geld zur Eroberung Gran Canarias zu verschaffen – vielleicht wird Eure Majestät sich noch erinnern –, hatte Pedro de Vera Mendoza seine beiden Söhne, meinen Vater und meinen Onkel, an die Mauren verpfändet.

Wie ich Eurer Majestät in meinem Reisebericht schrieb, erlitt keine Expedition mehr Unglücksfälle als die unsere. Einige unserer Schiffe sanken bei Hurrikanen schon in den Häfen von Cuba. Die andern liessen wir dann absichtlich in den Lagunen Floridas zurück.

Unser grösstes Unglück, von unserer Gier und Beschränktheit abgesehen, war unser Kommandant, Pánfilo Narváez selbst. – Panfilo glaubte unter einem glückhaften Stern geboren zu sein, obwohl nichts diesen Glauben rechtfertigte. Noch vor Hernán Cortés hätte er nach Tenochtitlán marschieren können. Aber er tat es nicht. Als Cortés und seine Soldaten in den Palästen Montezumas prächtig einquartiert waren, hätte er ihn im Kommando ablösen können. Velázquez hatte ihn eigens zu diesem Zweck von Havanna abgeschickt. Aber Cortés hetzte zu Pferd den ganzen Weg nach Vera Cruz zurück und schnappte Pánfilo die eigenen Soldaten vor der Nase weg. – Pánfilo war nicht ohne Anziehungskraft. Aber er war allzu selbstsicher, ein Prahler, und schlimmer noch, er sah die Grenze zwischen Traum und Wirklichkeit nicht. Er vergass, dass Cortés seine Schiffe erst verbrannte, als er sich die juwelengeschmückten Abgesandten Moctezumas genau angeschaut hatte und sich des Wertes dieser Fundgrube sicher war. Pánfilo hatte nichts, worüber er sicher sein konnte. Und doch sah er sich als einen zweiten Cortés, malte er sich ein zweites Tenochtitlán aus, das angeblich in den Palmwedeln Floridas verborgen war. Und hatte er sich diese Dinge einmal ausgemalt, war er sicher, dass sie genauso vorhanden waren wie der Boden unter seinen Füssen.

Es steht in Eurer Majestät Belieben, sich nun *uns* unter diesem alternden, fetten, leichtgläubigen Kommandanten auszumalen. Quer durch das dampfende Land marschierten wir, unser 578 in blinkender Rüstung, die Pferde mit grellbunten Schabracken, in den vollständigen Untergang. – Und glaubten, dass wir auf den Seiten der Geschichte einst teilhaben würden am Ruhm des Cortés und seiner Mörderbande...

Pánfilo pflegte die kupferfarbenen Eingeborenen vorführen und ihnen mittels Gesten sagen zu lassen, dass er nach einer Stadt von der Grösse und dem Reichtum Tenochtitláns suche. – Die Indios hatten weder von Tenochtitlán noch von Montezuma je etwas gehört. Aber von einer grossen Stadt hatten sie gehört und zeigten mit dem Ruf «Apaláchee!» nach Norden.

Wir marschierten und marschierten, hatten Fieberanfälle auf Fieberanfälle. Ja, es steht in Eurer Majestät Belieben, sich uns auszumalen.

Apaláchee war kein Tenochtitlán... Wir fanden es. In einem ungeheuren Sumpf lag eine grosse verarmte Siedlung aus strohgedeckten Hütten, ein Ort unerträglichen Schmutzes.

Es blieb nichts anderes, als die Küste zu suchen und nach Cuba zurück zu segeln. Mit unseren Waffen und Rüstungen kamen wir uns wie Tölpel vor und wünschten, wir hätten auf den Weg durch den Dschungel Schreinerwerkzeug mitgenommen. Denn jetzt, ohne Axt, Beil oder Hammer, mussten wir uns Boote zimmern.

Dieser Bericht erzählt, wozu Menschen imstande

und nicht imstande sind, wenn es gilt, zu handeln oder zu sterben.

Wir bauten neun offene Boote. In den Wochen, die dazu nötig waren, begnügte sich mancher von uns mit kärglicher Nahrung, und wessen Gaumen es zuliess, verschlang vom Fleisch der Pferde.

Aus 580 Mann waren 400 geworden, als wir endlich Segel setzten und die indianischen Bogenschützen und die Schlangen, von denen in Florida die einen wie die andern ihr Ziel niemals verfehlen, hinter uns liessen.

Tag für Tag trieben uns die Gezeiten und der Wind aufs Meer hinaus und wieder zum Land hinein, einer verwirrenden, unsicheren Küstengegend entlang. Dem Durst und der fürchterlichen Sonne ausgesetzt, wurden aus vierhundert vierzig.

Weiss jemand, wer in diesen Booten verloren ging? Ein zweiter Magellan, ein zweiter Camoens, ein zweiter Cervantes, ein zweiter Johannes vom Kreuz. . .

Niemand hat eine so einfühlsame Vorstellungskraft wie Eure Majestät. Ihr werdet verstehen, was ich Euch nicht schildere. Dass ich Männer, wahnsinnig vor Durst und Sonne, über Bord springen sah; dass ich sie anschwellen und im Delirium langsam sterben sah; dass ich ihre Worte und Lieder hörte, in denen sich ihre erbärmlichen Gedanken und Vorstellungen offenbarten; dass ich sah, wie Männer an Leichen nagten, und dass dies spanische Edelleute waren.

Es ist merkwürdig, so anschaulich darüber belehrt zu werden, wozu das Leben werden kann. Wir waren eine stolze Schar gewesen, voll Vertrauen auf unsere gemeinsame Stärke, unsere Rüstung, unsere Pferde. Langsam bröckelte unsere Stärke ab, bis nichts Gemeinsames mehr übrig war, das einem von uns hätte helfen können. – Wie gesagt: es ist merkwürdig, wenn man ausserhalb seiner selbst niemanden und nichts hat, worauf man sich verlassen kann.

Doch wieder jene Musik, jenes plötzliche Hin und Her und Aufblitzen einer Helligkeit, wie ich es zum erstenmal auf dem Schlachtfeld von Ravenna erlebte. Eure Majestät ist berühmt als Förderer der Musik; hier war eine Musik, die Ihr möglicherweise nie gehört habt.

Irgendwo an jener Küste krochen wir, eine Handvoll, an Land und wurden von freundlichen Indios genährt und gepflegt, bis wir wieder Lebenskraft für die hoffnungslose Fahrt nach Cuba gesammelt hatten. Wir takelten das Boot ab und brachten es zu Wasser, nachdem wir zuerst noch unsere Kleider hineingelegt hatten. Aber eine grosse Sturzwelle brachte den morschen, schweren Kahn zum Kentern; drei von uns wurden darin eingeschlossen und ertranken. Die andern tauchten splitternackt am Strand auf, zitternd im Novemberwind des bewölkten Nachmittags.

Die Indios kamen zurück und fanden uns so nackt wie sie; unser Boot fort und wir in Tränen. Sie setzten sich zu uns und weinten auch. Beim Gedanken, dass so elende Menschen für uns Mitleid hatten, musste ich umso heftiger weinen. – Ich verschweige Eurer Majestät weder ihre Tränen noch meine. In diesen einfachen Indios zeigte sich die Natur uns gegenüber nach Monaten zum erstenmal wieder barmherzig. – Aus Furcht, wir könnten unterwegs sterben, entfachten die Indios am Abend auf dem Pfad zu ihrem Dorf in Abständen Feuer, an denen sie uns wärmten. Diese Nacht und viele Nächte danach schliefen wir, in Felle gewickelt gegen die kalten Winde von der See her, neben ihnen auf den Austernschalen, mit denen der Fussboden ihrer Hütten bepflastert ist.

Als wir Eurer Majestät Untertanen waren, hatten wir alles, was das Leben bietet, und nun hatten wir nichts. Um zu verstehen, was 'nichts haben' heisst, muss man wirklich nichts haben. – Keine Kleider gegen das Wetter könnte als das Schlimmste erscheinen. Aber für uns armselige Skelette, die solches überlebten, war es nicht das.

Das Schlimmste war, sich nach und nach trennen zu müssen von den Gedanken, die für einen Europäer die Kleider der Seele sind, vor allem von der Idee, dass Dolch und Degen und der Dienst bei Eurer Majestät die Stärke eines Mannes ausmachen. Von solchen Phantasiegebilden mussten wir uns jetzt lösen, bis unsere innere Nacktheit die Nacktheit eines ungeborenen Kindes war und wir ein neues Leben in einem Mutterschoss von Empfindungen begannen, die auf geheimnisvolle Weise zu nähren vermögen. Mehrere Jahre vergingen, bevor ich mich diesem lebendigen Geflecht, für das ich auch jetzt noch keinen Namen weiss, unverkrampft überlassen konnte; aber erst als ich mich ihm zuletzt überliess, konnte ich die Möglichkeiten eines Lebens sehen, das mit dem Verlust Europas nicht allzuviel verloren hatte.

Stürme kamen, in den Meeresarmen konnten wir nicht mehr nach Wurzeln graben, das Röhricht gab keine Fische mehr. In den windigen Hütten starben Leute. – Es kam die Nachricht, dass weiter unten an der Küste fünf Spanier von einem andern Boot einander aufgefressen hatten, bis nur noch einer übrig geblieben war. Diese Tat schreckte die Indios aus ihrer Arglosigkeit auf. Sie berieten sich, ob sie uns töten sollten, um uns loszuwerden. Statt dessen machten sie uns zu ihren Lasttieren.

Im April gingen die Indios ans Meer hinunter und nahmen uns mit; einen ganzen Monat lang assen wir nur die schwarzen Beeren der Sanddünen. Die Indios tanzten unaufhörlich. Sie baten uns, ihre Kranken zu heilen. Als wir sagten, dass wir uns auf das Heilen nicht verstünden, verweigerten sie uns das Essen. – Wir fingen an, die Prozeduren ihrer Medizinmänner zu beobachten. Sie erschienen uns weder fromm noch kundig. Abgesehen davon fanden wir die Vorstellung, Indios zu heilen, etwas abstossend, wie Eure Majestät verstehen wird. – Aber wir mussten sie heilen, oder sterben. Also beteten

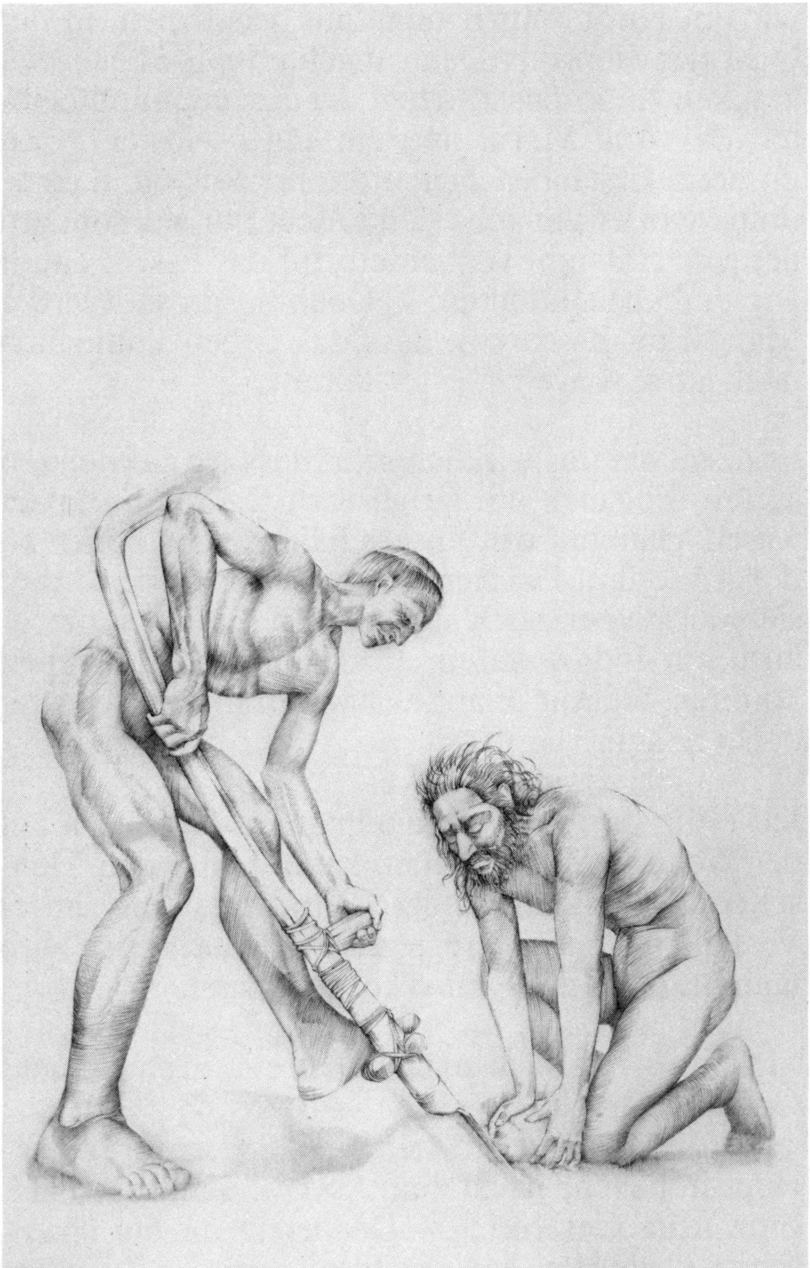

wir um Kraft. Wir beteten auf den Knien, in der Qual des Hungers. Dann machten wir über jeden kranken Indio das Zeichen des Kreuzes und beteten das Ave Maria und ein Pater Noster. – Zu unserem Erstaunen sagten die Erkrankten, dass es ihnen wieder gut gehe. Und nicht nur sie, sondern der ganze Stamm verzichtete auf das Essen, damit wir es haben konnten. – Doch so gross war der Mangel an Essbarem, dass das Leben unmöglich noch lange so weiter gehen konnte.

Es erstaunte uns wirklich sehr, dass die Erkrankten sagten, sie seien wieder gesund. Da wir Europäer waren, glaubten wir, unsere Fähigkeit zu heilen an die Ärzte und Priester abgetreten zu haben. Aber sie war immer noch in unserem Besitz, wenn es auch nur Indios waren, an denen wir sie ausüben konnten. Sie war in uns, wir waren mehr als wir gedacht hatten.

Ich reihe meine Worte aneinander – für jeden auf der Welt, der sie verstehen kann. Unter den Menschen gibt es keine andere Wirklichkeit als dieses Verstehenkönnen. Sire, es gereicht Euch hoch zum Ruhme, dass Ihr es zu verkörpern wisst.

Mehr zu sein als ich gedacht hatte – ein ganz neues Gefühl für mich...

Hunger haben, nackt sein, Sklave sein: auch das ganz neue Gefühle... – Der letzte meiner spanischen Gefährten auf der Insel stirbt... Zu essen nichts als die Schwarzbeeren der Sanddünen, da die Meerwurzeln ins Kraut schossen. Nichts, das mich schützte gegen die Angriffe des schrecklichen Frostes, der schrecklichen Sonne. Niemand, der meine Sprache verstand... – Und es dauerte Monate, Jahre vielleicht... Jeder, den ich traf, so ausgehungert wie ich. Der Körper ausgemergelt, die Wangen hohl, die Augen brennend – die Rippen deutlich sichtbar, jede einzelne – die Haut gespannt, ohne Kraft die Lenden, eingeschrumpft Unterleib und Brüste. – Auf der ganzen Welt kann es keine Armut wie die Armut dieser Leute geben. Ich konnte es nicht ertragen, ich rannte davon...

In dieser Zeit, wenn ich mich recht erinnere, begann ich, die Indios als Menschen meinesgleichen anzusehen. Wenn ich diesen Gedanken hier ausspreche, so deshalb, um Eure Majestät auf andere Gedanken vorzubereiten, die sich später folgerichtig daraus ergaben.

Das waren die Tage, in denen ich die Bilder meiner Kindheit neu ordnete, wie ein Kind, das an seinem Kaleidoskop dreht. Ich sah die Guanche-Sklaven in einem neuen Licht, so, als wäre ich einer von ihnen. Ich sah meinen Grossvater mit den Augen seiner Sklaven. Ich dachte daran – jetzt ohne lachen zu müssen – wie er die Guanches mit List zu Sklaven gemacht hatte. Er gab vor, sie – auf Gran Canaria – für die Fahrt zur Eroberung Teneriffas anheuern zu wollen, und als er sie unter Deck hatte, versperrte er die Luken und segelte in Richtung Cádiz...

Seine Unmenschlichkeit trug meinem Grossvater die öffentliche Anklage des Bischofs Juan de Frías ein. Auch daran dachte ich.

In dieser Wildnis wurde ich zum Händler und zog an der Küste, und etwas weiter im Landesinnern, hin und her. – Landeinwärts ging ich mit Muschelschalen und Herzmuscheln und einer bestimmten Schale zum Bohnenschneiden, die von den Eingeborenen sehr geschätzt wurde. Zurück kam ich mit Häuten, rotem Ocker für Gesicht und Haar, Feuerstein für Pfeilspitzen und mit Quasten aus Hirschfell. – Ich wurde unter den Stämmen allmählich gut bekannt und lernte die Beschaffenheit des Landes kennen.

Eines Tages hörte ich, wie jemand mich beim Namen rief, «Alvar Nuñez, Alvar Nuñez!» Es war Alonso del Castillo, einer der Hauptleute unserer Expedition. Er sagte, dass Pánfilos Boot zu unfreundlich gesinnten Indios an Land getrieben sei; von der Besatzung seien nur er selbst, Capitán Andrés Dorantes und dessen Neger, Estevanico, übrig. – Wir versteckten uns in einem Dickicht und schmiedeten Pläne.

In jenem Sommer, als die Küstenstämme zu ihren jährlichen Feiern zusammenkamen, machten wir vier uns auf die Flucht nach Westen.

So waren aus unsern fünfhundertachtzig Mann vierhundert geworden, aus den vierhundert vierzig, und aus den vierzig vier.

Eingeborene kamen zu Castillo. Sie hatten Krämpfe im Unterleib und flehten ihn an, sie zu heilen. Er betete und forderte uns inständig auf mitzubeten. Als er zuende gebetet hatte, schlug er das Zeichen des Kreuzes über den Indios, und ihre Krämpfe liessen nach. – Wir knieten nieder, um für dieses neue staunenswerte Geschehen Dank zu sagen.

Durch jene Gegend führen keine Pfade, und ich verirrte mich. Ich fand einen brennenden Baum, neben dem ich die sehr kalte Nacht verbrachte. Am Morgen lud ich mir trockenes Holz auf den Rücken und nahm zwei brennende Scheite mit. So mit Brennholz und Feuer ausgerüstet, ging ich fünf Tage lang weiter, während derer ich keinen Menschen antraf; aber die Sonne ging mit mir bei Tag, und Mazzaroth und Arkturus bei Nacht. – In diesen fünf Tagen waren alle Organe, die uns sonst das Elend des Daseins spüren lassen, in mir wie betäubt. – Wenn ich kranke Indios heilte, hatte ich darum kämpfen müssen, jeden Gedanken an Andrés und Alonso fernzuhalten (denn wir sind voreinander gehemmt, da jedem die Sünden des andern bekannt sind); und in der Anstrengung des Betens hatte ich immer das Gefühl, als ob etwas in mir zerbrechen müsste, damit mir die heilende Kraft zuteil würde. Jetzt aber, in dieser einsamen Wildnis, konnte keine Faser des Körpers die geheimnisvolle Kraft hemmen.

Nichts von mir, Majestät, existierte dann ausserhalb jener Musik, die ich zum erstenmal bei Ravenna gehört hatte.

Am sechsten Tag fand ich meine Gefährten, die angenommen hatten, dass eine Schlange mich gebissen habe. – Ich sagte zu ihnen, dass wir uns voreinander nicht gehemmt fühlen sollten. Jene Kraft, die wir in uns und durch uns strömen gespürt hätten, könne uns der Natur der Dinge nach nicht als Individuen wahrgenommen haben. Sie käme wohl eher wie ein Wind, der durch die Bäume eines Waldes streicht, oder wie der Ozean, der auch in einer Muschelschale rauscht, die er an Land geworfen hat.

Zwischen der alten und der neuen Welt gähnt, tiefer als der Ozean, ein Abgrund; und woran ich mich mittlerweile schon gewöhnt hatte, würde einen Bürger von Madrid oder Salamanca erschrekken.

In meiner Jugend, ich sagte es schon, sah ich in Sevilla die Ketzer in den Armen der Eisernen Propheten brennen. Dieses Bild begleitete mich oft. Vielleicht hatten jene Ketzer, wie ich, ihre Vorstellungen vom Unsichtbaren nach und nach auf ihrem Gang durchs Leben sammeln müssen, ohne die Hilfe eines Buches oder Priesters. Was ich selbst jetzt langsam lernte, ergab sich aus vielen verwirrenden Tagen in einem offenen Boot, während sterbende Männer neben mir nach ihrer Mutter riefen, und aus meinem Leben unter diesen einfältigen Indios, die darauf bestanden, dass wir sie von ihren Krankheiten heilten. Und so mögen meine Vorstellungen abweichen von dem, was die Bücher sagen. Ich erwähne das nur nebenbei, Majestät.

Als Juan de Frías meinen Grossvater in seiner Kathedrale öffentlich anklagte, ihn einen Feigling und Teufel nannte, folgte er da einer auswendig gelernten Lehre? Jener gute Bischof hatte ein Herz und einen Verstand, zu denen das Leben selbst sprechen konnte, und auch eindringlich sprach.

Indios kamen und brachten fünf Leute, ganz verfallen, gelähmt und sehr krank. Jeder der fünf bot Castillo stumm Bogen und Pfeile an. Castillo betete, wir mit ihm; am Morgen waren die fünf gesund. . .

Indios kamen von vielen Orten her. Aber Castillo befürchtete stets, seine Sünden könnten sein Wunderwirken beeinträchtigen. Die Indios wandten sich an mich. Ich sagte zu Castillo, es sei jetzt nicht der Augenblick, um der Idee der Sündhaftigkeit nachzuhängen, und folgte dann den Indios zu ihrem Ort. – Der Sterbende lag wie tot; Dorantes und ich fanden ihn mit verdrehten Augen und ohne Puls. Ich entfernte die Matte, mit der er zugedeckt war, und betete. Schliesslich zerbrach das membranähnliche Etwas in mir, und ich war zuversichtlich, dass der alte Mann wieder aufstehen würde. So geschah es. In der Nacht kamen die Eingeborenen und sagten uns, er habe gesprochen und gegessen und sei umhergegangen. Sie machten uns viele Geschenke und waren die glücklichsten Menschen, als wir sie verliessen, denn sie hatten ihr Allerbestes hergegeben.

Eure Majestät mag jetzt langsam genug haben von

unseren Kuren und Heilungen, die wir ausserhalb der Heiligen Kirche und nur zum Wohle elender Indios vollbrachten. Doch – ich weiss es wohl – so gross ist Eure Höflichkeit, dass ihr mich alles, was in meinem Herzen ist, offenbaren lassen werdet. – Wir sahen uns derart bedrängt, dass Dorantes und der Mohr, der wenig Neigung dazu verspürte, ebenfalls Medizinmänner werden mussten. – Knaben und Mädchen, Männer und Frauen, Greise und Greisinnen: entstellte, ausgehungerte, von Leiden verwüstete Körper, und nur selten einer gesund und stark... – Ihre Augen folgten uns jeden Moment. Diese Augen vergesse ich nie... – Majestät, seit ich mich zum erstenmal an Euch wandte, seid ihr mir geheimnisvoller und erhabener geworden, und das bestärkt mein Gefühl, dass ich frei zu Euch sprechen darf. Zum Verständnis solcher Tage und Ereignisse wird dieser zusätzliche Bericht hier notwendig, gleichsam als wirkliche Gestalt neben einem Gespenst. – Diese Augen... sie drängen mich aus mir selbst hinaus – in eine Welt, in der nichts unmöglich scheint, wenn es für einen andern getan wird.

Monate vergingen wie in einem Traum. Der Sehnerv machte uns die europäische Welt, von der wir ein Teil gewesen waren, nicht mehr glaubhaft. Jene Welt wurde uns unwirklich, und unwirklich wurden unsere Landsleute dort. – Wir selbst waren nur allzu wirklich. Mangels Kleidung hatten wir an Rücken und Schultern grosse wunde Stellen und tiefe Kratzer, und es tat weh, die Felle zu tragen, in denen wir schliefen. Und es tat weh, zwischen den

Kakteen nach Brennholz suchen zu müssen. Meine Schenkel und Arme bluteten so oft, dass ich es nur dank der Erinnerung überstand – doch an wen oder was erinnerte ich mich? War es eine Person, eine Eigenschaft des Lebens, eine Gefühlsregung? War es überhaupt ein Erinnern, war es nicht vielleicht ein Horchen?

Eine Zeitlang fiel beim Eindunkeln öfter ein sanfter Regen und brachte Armen und Beinen Linderung. In einer solchen Dämmerung begegneten wir auf einer Lichtung ein paar Frauen, die uns scheu anblickten. Sie wagten nicht, vor den drei bleichen Gestalten und dem dunklen Mohren davon zu rennen, denn sie hielten uns für Götter, die im Regen und Dunst einherschwebten. – Sie führten uns zu einem Dorf von fünfzig Hütten. Dort heilten wir und heilten. . .

Unsere Wanderung westwärts war nichts anderes als eine lange Reihe zufälliger Begegnungen. Solche Begegnungen, Majestät, sind mir Anlass zum Nachdenken geworden. – Der Augenblick, da man auf einen Fremden zugeht und ihn anspricht oder von ihm angesprochen wird, ist in diesem Leben vor allem andern *der* dramatische Augenblick. Die Augen der Indios, die meinen Pfad kreuzten, haben mich bis in die tiefsten Tiefen erforscht, um meine *Kraft* abzuschätzen. – Das gilt für die ganze Welt. Es gilt für den Spanier, der auf der Strasse von Toledo nach Salamanca einen andern trifft. Wem immer auch wir begegnen, im seltsamen, flüchtigen ersten Augenblick des Zusammentreffens beobachtet er uns gespannt und prüft, ob wir ihm freundlich gesinnt sind.

Wenn ich unsere Körper betrachte, meinen eigenen, den Alonsos, Andrés' und den des Schwarzen, denke ich manchmal, wie anders ich einst war, wie anders wir alle waren. - Was würden Doña Alonsa Maldonado und ihr Mann, Doktor Castillo von Salamanca denken, wenn sie ihren kleinen Knaben Alonso heute sehen könnten, wie er vor mir einherstapft, gezeichnet vom Hunger, versengt und ausgedörrt von der Sonne, Haar und Bart verwildert, schmal um die Flanken, sein Körper geschrumpft wie der einer Mumie?

In meiner Jugend zog der menschliche Körper mich an und war Gegenstand meiner geheimen und natürlichen Träume. – Aber ein Körper nach dem andern löschte etwas von jenem sinnlichen Glänzen aus, an dem meine Jugend Gefallen fand. Jetzt beherrscht mich kein aufwühlendes Wechselspiel mehr; nur noch der stetige Fluss des Sich-Angleichens und des Mitfühlens ist in mir.

Eurer Majestät Scharfsinn erfasst mühelos, was noch halb oder ganz verborgen ist. – Mir aber dämmerte es nur langsam, dass es in meiner Macht lag, andern Gesundheit und Leben zu gewähren. . . – Stellt Euch also vor, wie mich das verwirrte; Ihr wisst ja, welche Ausbildung ich als Soldat Eurer Majestät hatte.

Dunkle Wolken ziehen im Süden auf. – Im Westen

steht gross ein doppelter Regenbogen. Alonso stapft unentwegt darauf zu. Hinter ihm der arabische Neger aus Azamor, dessen schwarze Glieder jede Entbehrung aushalten und trotzdem immer noch von überflüssiger Feuchte glänzen. Für diesen Mohren bin ich besonders dankbar. Dass er über unser Leiden nachdenkt, lässt ihn nicht apathisch werden. Keine noch so feindliche Hitze oder Kälte nimmt seinen Lenden die Stärke. Er ist ein sehenswerter Anblick, in der Hand trägt er eine Kupferklapper, auf seiner Schulter hockt ein orange-grüner Papagei.

Da war der Nachmittag, an dem wir einen grossen Fluss durchquerten, mehr als hüfttief, breit wie der Guadalquivir bei Sevilla und mit einer raschen Strömung. Ich erwähne ihn, weil ich ihn liebte.

Da war das Dorf, wo jeder Indio uns als erster berühren wollte, und wir in der schwitzenden Menge fast zu Tode gedrückt wurden. . .

. . . das Dorf so begierig nach unserem Segen, dass Alonso vor Erschöpfung ohnmächtig umsank. . .

. . . das Dorf, wo ein neuer Brauch aufkam: die Indios, die mit uns zogen, nahmen den Einwohnern all ihre Bogen, Pfeile, Schuhe und Halsketten ab. Von dieser Zeit an forderten unsere Begleiter Tribut von den Leuten des Dorfes, zu dem sie uns brachten. Das machte uns unbehaglich, aber die Opfer selbst beruhigten uns. Sie sagten, sie seien so froh, uns zu sehen, dass sie den Verlust ihrer Habe nicht empfänden – und ausserdem könnten sie sich am nächsten Dorf, wo sehr reiche Indios lebten, schadlos halten...

...die Ebene, wo wir zum erstenmal Berge erblickten, sehr niedrige, wie liegende weisse Schafe...

...das Dorf, wo sie so hartnäckig darauf bestanden, uns überall zu betasten, dass sie in drei Stunden damit nicht fertig wurden...

...das Dorf, wo bei vielen nur ein Auge getrübt war, während andere aus dem gleichen Grund vollständig erblindet waren; was uns verwunderte...

Um ein – und dieselben Vorkommnisse deutlich werden zu lassen, kann man die Worte auf verschiedene Weise anordnen, wie niemand besser weiss als Eure Majestät. – Es war wie ein Betrunkenwerden, als ich allmählich dieses Machtgefühl, andern Menschen Leben und Glück geben zu können, zu spüren begann. Doch machte es mich auch betroffen, und dieses Betroffensein war das Wichtige – nicht das Fragen nach dem Wesen der Kraft, wie verbreitet sie sei, wie tief sie wirke, ob Andrés und Alonso sie in gleichem Masse wie ich besässen. – Was mich beschäftigte, war die Frage, ob ich selbst sie richtig anzuwenden wisse, sie meistern könne, ob es mir überhaupt zukäme, sie zu meistern, da sie vielleicht als selbsttätige Kraft durch mich nur ihren Weg nahm. – Aber wenn man sich an die Vorstellung gewöhnt hat, ist es eine gute Fähigkeit, Gesundheit und Freude geben zu können, ob nun einer allein sie hat, oder wir alle. Ist dieser Gedanke Eurer Majestät jemals in den Sinn gekommen ? Ich hatte ihn vorher nie gehabt.

Ich sagte zu Andrés: «Wenn wir Spanien jemals wiedersehen, werde ich seine Majestät bitten, mich mit einem Trupp Soldaten in dieses Land zu schicken. Und ich werde die Welt lehren, wie man durch Güte erobert, nicht durch Blutvergiessen.» – «Warum dann ein Trupp Soldaten?» fragte Dorantes lächelnd. «Soldaten machen Jagd auf Indiomädchen und Gold». – «Vielleicht könnte ich sie etwas anderes lehren». – «Sie würden dich töten oder an einen Baum gebunden zurücklassen. Was für ein begriffsstutziger Narr du doch bist, Alvar Nuñez!»

«Und was wirst *du* tun, falls wir Spanien wiedersehen?» fragte ich Andrés. – «Es wird genug sein, Mexiko zu erreichen», antwortete er. «Dort schau ich mich vielleicht nach einer reichen Witwe um und verbringe den Rest meines Lebens als Viehzüchter». – «Für ein solches Leben würde ich nicht viel geben», sagte ich. – «Jedem sein eigenes Vergnügen», entgegnete Andrés.

Es fiel mir ein, dass Andrés sich vielleicht vor der grossen Kraft, die zu dieser Zeit in uns war, fürchtete. Ich fragte ihn danach. «Ja, ich fürchte mich», antwortete er ernst, «wer würde sich nicht?»

An einem andern Tag, nachdem er lange geschwiegen hatte, sagte Andrés zu uns: «Wenn ich diese Leute immer heilen und ihnen immer helfen könnte, wäre ich vielleicht gewillt, bei ihnen zu bleiben. Ich weiss nicht. Aber unsere jetzige Beziehung zu ihnen beruht auf unserer Neuheit, unsrem schnellen Auftauchen und Verschwinden und auf der verblüffenden Wirkung unseres Tuns. Diese Vorgänge würden sich abnützen. – Ausserdem sind es nicht Wunder, was diese Leute brauchen. Sie brauchen all das, was uns das Schicksal genommen hat, als es uns nackt und auf gleichem Fuss mit ihnen unter sie verschlug. Nein, nicht ganz auf dem gleichen. Wir haben die Erinnerung an Kindheit und Jugend in einem Land, wo die Leute in Häusern aus Stein wohnen, Jahr um Jahr die selben Äcker pflügen, Scheunen bauen und die Ernte darin speichern. Die Städte stehen mit einander in Verbindung und erhalten das gemeinsame Wohl. Jeder Edelmann und Alkalde ist eine Strasse, die zum König führt; und König, Alkalde, Dieb und Dorfbewohner beugen sich alle dem Willen Gottes durch die Heilige Kirche!»

Ich nehme mir Zeit und überdenke diese Worte. Sie sind wahr, und doch kann ich ihnen nicht zustimmen. Dann entgegne ich Andrés: «Wenn diese Indios uns bitten, barmherzig zu sein und sie zu heilen, kommt dann die Kraft, die sie in uns spüren, von Steinhäusern, Scheunen, Äckern, von Alkalden oder Edelleuten, – oder von der Heiligen Kirche, was das angeht? Wir wollen uns die Wahrheit eingestehen, Andrés: alles was wir jenseits des Wassers lernten, haben wir wegwerfen müssen.

Nur was wir als Kinder in den Armen unserer Mütter lernten, ist uns geblieben, um andern helfen zu können.» – «Und was lernten wir in den Armen unserer Mütter, guter Narr?» fragte Andrés und legte seinen Arm um meine Schulter.

. . . ein Berg, sieben Meilen lang, der aus eisenhaltigen Schlacken bestand. . .

. . . eine Nacht, da der Mond voll war, und in seinem Licht eine grosse Zahl von Behausungen an einem unerwarteten, bezaubernden Fluss. . .

. . . ein Mann, dem vor einigen Jahren ein Pfeilschuss von hinten die linke Seite durchbohrt hatte. Er sagte, die Wunde schmerze ihn beständig. Ich stellte fest, dass die Pfeilspitze im Rippenknorpel steckte. Ich betete eine Stunde lang, ergriff dann den scharfen dünnen Stein, der mir als Messer diente, und schnitt die Brust auf. Nach der Pfeilspitze tastend, zwängte ich meine Hand in das zuckende Gewebe des Körpers. Majestät, dass wir Menschen aus schlaffem, feuchtem Fleisch gemacht sind, erschien mir ebenso seltsam, wie dass wir auch Luft und Geist sein sollen; und in jener Stunde mischte sich Ekel und flüchtige Neugier mit meinem Mitleid. . .

Diese Heilung war unser Unglück; sie verbreitete unseren Ruhm in allen Richtungen. Bald hatten wir drei- oder viertausend Leute bei uns. Es ging über Menschenkraft, jeden Bissen, den sie verzehrten, erst anzuhauchen und mit dem Kreuzzeichen zu segnen. In diesen Gegenden gab es Bergwild, Wachteln, Vögel, Kaninchen im Überfluss, und was die Indios töteten, legten sie vor uns hin. Sie hätten es nicht mehr berührt und wären vor Hunger gestorben, wenn wir die erbetene Segnung verweigert hätten. Ausserdem baten sie um unsere Erlaubnis für die verschiedensten Dinge, die sie im Sinn hatten, und wir waren bald ganz erschöpft. Sogar Gutestun kann anscheinend zu Überdruss führen; sogar den Anblick des Glücks, das man bereitet, kann man satt bekommen. – Und doch wird sich Eure Majestät freuen, dass der Himmel uns einen Überdruss solcher Art gewährte, wie sie ein Europäer vielleicht nie zuvor erfahren hat.

Volk nach Volk, Sprache nach Sprache. . . kein Gedächtnis könnte sie alle behalten. Stets raubten sie einander aus, aber Beraubte und Räuber waren gleichermassen zufrieden.

Estevanico, der gute Schwarze, das gute Bindeglied zwischen der kühlen Zurückhaltung der Weissen und der üppig strömenden Wärme der Indios. Männer, Frauen und Kinder scherzten und spielten mit ihm. Was immer er tat, er wurde es nicht überdrüssig. Was immer er tat, durch ihn wirkte das Geheimnis unfehlbar und heilte und machte gesund.

. . . fünfzig Meilen durch Wüstenland, mit nichts zu essen und wenig zu trinken. Durch Dörfer, wo die Frauen sich mit weisser Rehhaut bekleideten, wo man in richtigen Häusern wohnte. . . von allen Menschen, die wir sahen, waren sie die schönsten von Gestalt, die lebhaftesten und begabtesten; mit ihnen konnten wir uns am besten verständigen...

... Mondlicht über einem andern Dorf von Häusern aus getrocknetem Lehm, und wir vier abwechselnd stehend oder liegend in der Mitte der Plaza, und von all den Häusern laufen Indios mit Geschenken zu uns, berühren uns und laufen zu den Häusern zurück nach weiteren Geschenken und wieder zu uns und berühren uns – ein glitzerndes Spinnennetz von Läufern im Mondlicht – während Stunden dieses Aufblitzen nackter Gestalten, hin und her, von der Mitte zum Rand, vom Rand zur Mitte.

Majestät, solcherart waren die Schauplätze, als ich mich dabei überraschte, dass ich alle menschlichen Wesen gleich behandelte. Ich muss meinen Mut zusammennehmen, um es zu bekennen. – Vielleicht liegt hier verborgen, welche Form unser Leben annehmen muss: ein langer, langer Weg, auf dem man Menschen antrifft, zu ihnen in Beziehungen hineingeworfen wird, Ansprüche erfüllen muss, die oft schrecklich und ohne die Hilfe geheimnisvoller Kraft unmöglich zu erfüllen sind, Ansprüche auf Heilung und Verständnis, und beständig der Kampf gegen die Furcht.

Ein Verstandesmensch, ein Ängstlicher und ein Sinnenmensch als meine Gefährten, ja sogar als Teil von mir. Und ist einer unter uns, der ohne zu hungern durch das Königreich des Hungerns gehen könnte?

Und siebzehn aufeinanderfolgende Hungertage.

Und ein Sonnenuntergang, auf einer Ebene zwischen sehr hohen Bergen, bei einem Volk, das vier Monate im Jahr nichts als gemahlenes Stroh isst...

Und wieder Hungern...

Und wieder feste Häuser, wo Mais angebaut wird und man uns bunt verzierte Decken schenkte. – Hundert Meilen mit gutgebauten Häusern und Erntevorräten; die Frauen besser behandelt als irgendwo sonst. Sie tragen Schuhe, und Blusen, die vorn offen sind und mit wildledernen Schnüren zusammengehalten werden. – Bei Sonnenaufgang strecken diese Leute ihre gefalteten Hände dem Horizont entgegen und streichen sich dann über den Körper. Bei Sonnenuntergang wiederholen sie die Gebärde. Als ich ihnen bei dieser Zeremonie zusah, kam mir der junge Bursche aus Cádiz in den Sinn, einer von denen, die in dem offenen Boot neben mir verdursteten. Er trank die Schönheit Floridas in sich hinein, und noch in seinem letzten Fieberanfall heftete er den Blick auf die Palmen und Vorgebirge längs der Küste. Es tat mir leid, dass er nicht am Leben geblieben war und zusehen konnte, wie diese Eingeborenen ihre goldenen Körper im Gold der Dämmerung badeten.

Schliesslich fanden wir Anzeichen von unseren Landsleuten – worum wir seit Monaten und Jahren gebetet hatten. – Am Hals eines Indios eine kleine

Silberschnalle von einem Degengehenk, mit einem Hufnagel daran... Wir fragten ihn aus. Er sagte, Männer mit Bärten wie den unsrigen seien vom Himmel herab zu diesem Fluss gekommen; sie hätten Pferde, Lanzen und Degen gehabt und zwei Indios mit den Lanzen durchstossen.

Das Land wurde mit der Zeit immer bejammernswerter. Die Eingeborenen waren in die Berge geflohen und hatten ihre Felder aufgegeben. Die Gegend war fruchtbar und reich an Flüssen, aber die Leute sahen elend aus. Sie erzählten uns, dass unsere Landsleute alle Dörfer niedergebrannt und die Hälfte der Männer und alle Frauen und Kinder mit sich fortgeführt hätten...

Dann berichteten Indios eines Tages, dass sie in der Nacht zuvor, hinter Bäumen versteckt, die Christen beobachtet hätten. Sie sahen, wie sie viele Leute in Ketten wegführten.

Unsere Landsleute, die Sklavenfänger, waren bestürzt, als sie uns kommen sahen. Doch fast mit den ersten Worten begannen sie ihre Sorgen aufzuzählen. Seit vielen Tagen hätten sie keine Indios finden und fangen können. Sie wüssten nicht, was tun, und wären kurz vor dem Verhungern. – Zu gehöriger Zeit kamen sie dann auf die Idee, unsere Indios zu Sklaven zu machen, und wurden verärgert, weil wir sie davon abhielten. Sie liessen ihren Dolmetscher eine schöne Rede halten. Er sagte zu unsern Indios, dass wir tatsächlich auch Christen seien, uns aber lange Zeit verirrt hätten und Leute ohne

Glück und wenig Mut seien. Aber die Christen zu Pferd seien wirkliche Christen und die Herren des Landes, denen man gehorchen und dienen müsse. – Unsere Indios dachten über diesen Standpunkt nach. Sie entgegneten, dass die wirklichen Christen anscheinend lögen, und dass wir unmöglich Christen sein könnten. Denn wir kämen von Sonnenaufgang her, sie von Sonnenuntergang; wir heilten die Kranken, während sie sogar die Gesunden töteten; wir gingen nackt und barfuss, während sie Kleider trügen und zu Pferd ritten und Menschen mit Lanzen durchstiessen; wir bäten um nichts und verschenkten alles, was wir erhielten, während sie nie irgend jemandem etwas gäben und kein anderes Ziel hätten als zu stehlen.

Eure Majestät wird sich erinnern, wie entrüstet ich in meinem ersten Bericht war, dass Christen so bösartig sein sollten, besonders solche, die den Vorzug geniessen, Eure Untertanen zu sein. – Damals kannte ich den wahren Grund meiner Entrüstung noch nicht. Jetzt kenne ich ihn und ich werde ihn aufdecken. Beim Anblick dieser Räuber war ich zum Anblick jenes spanischen Edelmannes gezwungen, der ich selber vor acht Jahren gewesen war. Es war nicht leicht, daran zu denken. Andrés und Alonso stimmten zu, dass es nicht leicht sei. – Was ist so traurig, Majestät, als dem eigenen gedanken- und gefühllosen Selbst von früher gegenüber zu stehen?

Es brauchte viele Tage, bis ich Kleider auf meiner Haut ertragen, und viele Nächte, bis ich in einem

Bett schlafen konnte. Schuhe waren am schlimmsten. In den spanischen Ansiedlungen wagte ich nicht, barfuss zu gehen, denn von allen Spaniern sind die Bewohner der Provinzen am leichtesten zu schockieren. Ich hatte den Druck der Erde gegen die nackten Füsse nicht genug geschätzt, solange mir diese Wohltat vergönnt gewesen war.

Anfangs merkte ich nicht, auf welche Art und Weise unsere althergebrachte Zivilisation mich sonst noch veränderte. Doch bald beobachtete ich bei mir eine gewisse Abneigung, andern Gutes zu tun. Ich sagte dann zu mir: «Muss ich auch das, was von mir übrig geblieben ist, noch bemühen, ich, der ich Qualen in einem offenen Boot und jede Entbehrung und Erniedrigung unter den Indios erlitten habe, wenn es rings um mich starke, gesunde Männer gibt, frisch von der Heiligen Kirche und der Schule weg, die wissen, was ihre Christenpflicht ist?» – Wir Europäer sprechen alle so. Es ist uns zur zweiten Natur geworden. Jeder Edelmann, Alkalde und Dorfbewohner ist eine Strasse, die uns zu dieser Redeweise führt; unter uns können wir das ja eingestehen, Majestät, nicht wahr? Braucht jemand einen Mantel, so geben wir nicht einfach einen, wenn wir bei Verstand sind; noch lassen wir uns dabei ertappen, dass wir einen Finger rühren, um einer Frau im Elend zu helfen. «Sonst Irgendwer wird es tun» sagen wir uns. Das Leben in Gemeinschaften lässt unsere Milch eintrocknen, wir werden unfruchtbar wie die Felder Kastiliens. Wir halten unser Vaterland für eine Kraft, die von sich aus handelt und dem Einzelnen jede Anstrengung abnimmt. – Solange ich mit den Indios lebte, hatte ich ihnen gegenüber nur Gutes im Sinn, aber zurück unter meinen Landsleuten musste ich mich hüten, um ihnen nicht geradezu Leid anzutun. Wo alle leiden und hungern, handelt man aus dem Antrieb zu helfen; wo aber Überfluss herrscht, geben wir unsere Grosszügigkeit auf und glauben, dass unser Land für jeden und alle einspringt. – Das ist nicht die Wahrheit, sondern eine Täuschung. Im Gegenteil: die Kraft, in andern das Leben zu bewahren, lebt in jedem von uns, und aus jedem von uns entweicht sie, wenn wir sie nicht nützen. Sie sammelt und verdichtet sich im Einzelnen. Wenn sie Euch unbekannt ist, Majestät, könnt ihr auch nicht dunkel ahnen, welcher Art sie ist, welche Bedeutung sie hat, oder wie sie einem entgleitet. – Im Namen Gottes, Majestät, lebt wohl.

Nachwort
Haniel Long

Gegen Ende November des Jahres 1528 wurden eine Handvoll Spanier, die Überlebenden einer glücklosen Eroberungsfahrt nach Florida, im Golf von Mexiko an Land gespült, wie man vermutet bei der jetzigen Ortschaft Galveston. Einer von diesen Männern war Nuñez Cabeza de Vaca, der Lieutenant (Stellvertreter des Kommandanten) jener Expedition, 38 Jahre alt, ein anpassungsfähiger Mann mit einer verborgenen Lebenskraft in sich. Trotz der erlittenen Entbehrungen führte dieser Nuñez zwei andere Spanier und einen Mohren, barfuss und nackt, auf eine Wanderung quer durch den ganzen Kontinent, die sie acht Jahre lang in Anspruch nahm.

Als er die Stadt Mexiko erreicht hatte, schrieb Nuñez einen Brief an seinen König, in dem er berichtet, was ihm widerfahren war. Der Brief beginnt wie die übliche Geschichte vom europäischen Abenteurer, der die Heimat verlässt, um Menschen auszubeuten. Nuñez aber erkennt nach und nach, dass die Menschen seine Brüder und Schwestern sind, und wendet sich ihnen teilnahmsvoll zu. Geschichten brauchen die rechte Zuhörerschaft. Nuñez scheint zu befürchten, dass seiner Majestät wenig an dem gelegen sein könnte, was er zu sagen hat, denn es ist die Geschichte eines Misserfolges für die spanische Kolonialgeschichte wie auch für des Königs Privatkasse. In der Welt des Einzelnen ist es nichts destoweniger die Geschichte eines Triumphes, so lapidar die Art der Darstellung auch sein mag.

Mein Bericht des Nuñez ist nicht der Bericht, den er dem König sandte, abgesehen von den reinen

Tatsachen. Doch ich glaube, es ist der Bericht, den er dem König eigentlich senden wollte. Den Kern seiner Schilderung, so wie sie von Fanny Bandelier übersetzt worden ist, lasse ich unberührt und versuche zu zeigen, was ganz offensichtlich in der Seele dieses Mannes vorgegangen ist. Das heisst, ich lasse ihn sprechen, als sei er ohne Scheu vor seinem König und vor seiner Zeit. Ich möchte, dass er uns anspricht, vierhundert Jahre später, in dieser unserer Welt, in der das Verhältnis der Menschen zueinander noch immer das grosse Problem ist, und die Ausbeutung das Krebsleiden.

Nuñez fand das Grenzenlose im eng Begrenzten. Er half, auch wenn er keine Mittel zum Helfen hatte, und er gab, wo er nichts zum Geben hatte. Interessant ist, dass er an einem bestimmten Punkt aufhört, eine historische Persönlichkeit zu sein, und zum Symbol wird. Lebte er heute, so könnte er den inneren Sinn seines Abenteuers offen darlegen. Er hätte der gegenwärtigen westlichen, ja der gesamten Welt viel zu sagen, denn *wir* sind seine eigentlichen Zuhörer.

In seiner Notlage streift Nuñez alle Theorien und Vorurteile ab, die es einem unmöglich machen würden, weiter zu leben. Beruht nicht die Fähigkeit zum Überleben auf dem Mut, das eigene Schicksal anzunehmen? Es mag auch sein, dass Gefahr dem Menschen von Nutzen sein kann. Nuñez war bemerkenswert anpassungsfähig; sein Mut war ebenso unbegrenzt wie seine Ausdauer. Für ihn unterschied sich das Leben nicht von Not und Gefahr, sie *waren* das Leben, und erst sie machten es zu einer guten Sache. Seine Lage war hoffnungslos, aber er setzte eine Reihe von Gedanken und Handlungen in Gang, die ihn retteten. Mein Augenmerk wandert von der Oberfläche der Schilderung zu dem, was er dem königlichen Ohr anzuvertrauen sich scheut: das mystische Wissen, dass die Lebenskraft eines Menschen wächst, wenn er auf seine Mitmenschen Rücksicht nimmt und sich für sie einsetzt. Verloren in einem rauhen Land unter kupferfarbenen Wilden, als Zukunft das blanke Nichts vor Augen, entdeckt dieser wetterharte Conquistador des 16. Jahrhunderts in der Religion eine Wirklichkeit, von der er bisher nichts geahnt hat. Sein Einsatz, sein Mitgefühl für andere gehen neue Wege; dahinter aber steht ganz offensichtlich eine zeitlose, allgemeingültige Erfahrung.

(Die von Haniel Long benutzte Übersetzung von Fanny Bandelier stammt aus dem Jahr 1905 und trägt den Titel «The Journey of Alvar Nunez Cabeza de Vaca and His Companions from Florida to the Pacific 1528-1536. Tr. F. Bandelier with Introduction by Ad. F. Bandelier» (New York, 1905).

Anmerkung des Übersetzers

In seinem Vorwort bezieht sich Henry Miller immer wieder auf den Begriff 'interlinear', der aus dem ursprünglichen Titel der vorliegenden Erzählung stammt:
«Interlinear to Cabeza de Vaca – His Relation of the Journey from Florida to the Pacific 1528 - 1536».
(Paraphrase zu Cabeza de Vaca – Sein Bericht über die Reise von Florida zum Pazifik 1528-1536)
Warum kommt der Begriff 'interlinear', der allgemein die Bedeutungen 'zwischen den Zeilen', 'Paraphrase', 'Wort-für-Wort-Übersetzung' hat, in den Titel der Erzählung? – Haniel Long weist in seinem Nachwort darauf hin, dass der Kern seiner Erzählung aus dem Bericht besteht, den Cabeza de Vaca an den spanischen König, Karl V. schrieb. Dazwischen aber lässt ihn Haniel Long sprechen, «als sei er ohne Scheu vor seinem König und vor seiner Zeit. Ich möchte, dass er uns anspricht, vierhundert Jahre später, in dieser unserer Welt. . .»
Die von Haniel Long hinzugefügten Sätze stehen also gleichsam 'zwischen den Zeilen' des originalen Berichtes von Cabeza, zu dem sie eine Paraphrase, eine verdeutlichende Umschreibung und Erklärung, sein sollen.

Glossar

Conquistadores: die iberischen Eroberer

«Majestät»: Karl V.(1500-1558). Durch seine Mutter (Johanna die Wahnsinnige) ist er König von Spanien, durch seinen Vater (Philipp der Schöne) herrscht er auch über Österreich, Burgund und die Niederlande (später auch noch Ungarn und Böhmen).
Seit 1519 ist er deutscher Kaiser und versucht, den Protestantismus zu bekämpfen. Sein Riesenreich («In meinem Reich geht die Sonne nie unter») wird nach seiner Abdankung in eine österreichische (Ferdinand) und eine spanische Linie (Philipp II.) geteilt.

Pedro de Vera Mendoza: Grossvater von Cabeza de Vaca

Mauren: Araber von Mauretanien, die im 8. Jh. Spanien erobern und erst mit der Zurückeroberung Granadas (1492) durch Isabella von Kastilien und Ferdinand von Aragon, den Grosseltern Karls V., endgültig daraus vertrieben werden können.

Hernan Cortés: (1485-1547) erobert das Reich der Azteken in Mexiko.

Montezuma: (eigentlich Moctezuma) Herrscher der Azteken.

Tenochtitlán: Hauptstadt des Aztekenreiches, auf dem Gebiet des heutigen Mexico-City.

Velazquez: Statthalter auf Kuba, der Cortés den Befehl zur Expedition nach Mexiko gibt, diesen Befehl aber kurz vor der Abfahrt zu widerrufen droht, worauf Cortés heimlich während der Nacht abfährt. Dies ist der Grund, weshalb ihn Pánfilo verhaften soll.

Vera Cruz: erste span. Niederlassung in Mexiko, die Cortés vor dem Abmarsch nach Tenochtitlán gründet.

Magellan: (Fernao de Magalhaes) umfährt 1519-1522 als erster die Erde.

Luis de Camoens: (1524-1580) portugisischer Dichter, der während eines abenteuerlichen Lebens in den Kolonien das port. Nationalepos, die «Lusiaden», schreibt.

Miguel de Cervantes: (1547-1616) Dichter des «Don Quixote».

Johannes vom Kreuz: (1542-1591) span. Mystiker, Schüler der Mystikerin Theresa von Avila. Beide setzen sich für die gegenreformatorische Bewegung ein.

Mazzaroth und Arkturus: Sternbilder

Materialien:

Cabeza de Vaca: Auszüge aus seinem Erlebnisbericht «Naufragios»

Unsere Erlebnisse auf der Unglücksinsel

Auf dieser Insel hatte man den Wunsch, uns zu Ärzten zu machen, ohne Prüfung oder Anforderung unserer Diplome. Denn die Eingeborenen heilen Krankheiten dadurch, dass sie den Kranken anblasen. Durch das Anblasen und unter Zuhilfenahme der Hände treiben sie dem Betreffenden die Krankheit aus. Sie baten uns, das gleiche zu tun und ihnen Hilfe zu bringen. Wir lachten darüber und sagten, das sei dummes Zeug. Denn wir verständen nichts von der Heilkunst. Darauf entzogen sie uns die Nahrung, bis wir ihrer Aufforderung nachkamen.

Ein Indio, der das Beharren auf unserer Meinung bemerkte, sagte mir, ich wüsste nicht, was ich behauptete, wenn ich meinte, dass seine Kenntnisse in der Heilkunst zu nichts nütze wären. Denn Steine und andere Dinge, die auf den Feldern wachsen, besässen wirksame Kraft. Er hätte mit einem heissen Stein, den er auf den Magen legte, den Schmerz geheilt und zum Weichen gebracht. Er sei sicher, dass wir als Männer von besonderer Art eine noch grössere Kraft und Macht besässen. Schliesslich sahen wir uns gezwungen, es zu tun, wenn wir nicht befürchten wollten, für unser ablehnendes Verhalten bestraft zu werden.

Folgenden Brauch wenden sie bei ihren Heilungen an: sobald sie sich krank fühlen, rufen sie einen Arzt herbei. Nach vollständiger Heilung, geben sie ihm nicht nur ihren ganzen Besitz, sondern suchen bei ihren Verwandten nach Dingen, die sie ihm schenken. Das Verfahren der Ärzte besteht darin, dass sie an den schmerzenden Stellen einige Einschnitte machen und um diese Stellen herum saugen. Sie machen auch Eingriffe durch Brennen, die bei ihnen als sehr wirksam erachtet werden. Ich selbst probierte diese Methode, die mir sehr gut bekam. Dann beblasen sie die schmerzende Stelle und glauben, dass die Krankheit sie verlässt. Unsere Art zu heilen war, über ihnen das Zeichen des Kreuzes zu schlagen, sie anzublasen, ein Vaterunser und Ave Maria zu beten und inbrünstig Unsern Herrn zu bitten, sie gesund

werden zu lassen und ihnen einzugeben, uns gut zu behandeln. Gott unserm Herrn gefiel es in seinem Erbarmen, dass alle, für die wir beteten, nach dem Schlagen des Kreuzes zu den anderen sagten, dass sie gesund und wohlauf seien. Daher behandelten sie uns gut und vergassen sogar ihren eigenen Stammesgenossen Essen zu verabreichen, um es uns dafür zu überlassen. Sie schenkten uns auch Felle und andere Kleinigkeiten.
Unsere Hungersnot, die sich dort einstellte, war so aussergewöhnlich, dass ich mehrmals drei Tage ohne jede Nahrung blieb, aber die Indios waren auch in der gleichen Lage. Mir schien es unmöglich, das Leben zu fristen, obwohl ich mich später anderen noch grösseren Hungersnöten und schwierigeren Lagen gegenüber gesehen habe, wie ich weiter unten berichten werde. . . .

Die Heilung von Kranken

Noch am Abend unseres Ankunftstages näherten sich Indios Castillo; sie sagten, dass sie kopfkrank seien, und baten, sie zu heilen. Nachdem er über ihnen das Zeichen des Kreuzes geschlagen und sie Gott empfohlen hatte, behaupteten die Indios sogleich, dass die Krankheit sie verlassen habe. Sie begaben sich zu ihren Behausungen und brachten eine Menge Tunas sowie ein Stück Hirschfleisch, von dem wir nicht recht wussten, was es war. An diesem Abend, als sich die Kunde von diesen Vorgängen unter ihnen verbreitete, kamen noch viele andere Kranke herbei, um sich ebenfalls von ihm heilen zu lassen. Jeder brachte ein Stück Hirschfleisch mit. Die Fleischmenge nahm alsbald derart zu, dass wir nicht wussten, wohin wir das Fleisch legen sollten. Wir dankten Gott inbrünstig, weil täglich sein Erbarmen und seine Güte uns gegenüber zunahmen. Nach Beendigung der Heilungen fingen sie an zu tanzen und ihre kultischen Tänze und Zeremonien bis Sonnenaufgang zu veranstalten. Das Fest, das aus Anlass unserer Ankunft gefeiert wurde, dauerte drei Tage. Am Ende fragten wir die Indios über das weiter voraus liegende Land und seine Bewohner aus, die wir dort treffen würden, sowie nach den dortigen Nahrungsmitteln. Sie erwiderten, dass es in jener Gegend viele Tunas gäbe, dass aber ihre Zeit schon vorüber sei. Niemand hielte sich dort jetzt auf, alle seien nach der Ernte zu ihren Lagerplätzen fortgezogen. Das Land sei sehr kalt, es gäbe dort nur wenig Felle.

Weil der Winter mit der kalten Jahreszeit bereits im Anzug war, entschlossen wir uns, mit ihnen zu ziehen. Fünf Tage nach unserem Eintreffen brachen sie auf die Suche nach anderen Tunagebieten auf, in denen Menschen anderer Stammes- und Sprachzugehörigkeit lebten. Nach einem Marsch von 5 Tagereisen bei grossem Hunger – es gab unterwegs weder Tunas noch andere Früchte - gelangten wir zu einem Fluss, an dem wir unser Lager aufschlugen. Danach machten wir uns auf die Suche nach gewissen Baumfrüchten, die wie Erven aussehen. Da es in diesen Gegenden keine gibt, verirrte ich mich auf der Suche nach solchen. Die Leute kehrten um, während ich allein zurückblieb. Als ich an diesem Abend nach ihnen suchte, verirrte ich mich. Gott gefiel es, dass ich einen glimmenden Baum fand, an dessen Feuer ich die kalte Nacht überstand. Am Morgen belud ich mich mit Holz, nahm zwei glimmende Scheite mit und machte mich auf die Suche nach den Indios. Ich marschierte ständig, die glimmenden Scheite und die Holzlast mit mir schleppend. Wäre mir das Feuer an Stellen ausgegangen, wo es kein Holz gab, wie es auch vielfach der Fall war, dann hätte ich andere Späne zum Feuermachen anfertigen müssen, um nicht ohne Brennmaterial zu bleiben. Ich besass kein anderes Mittel gegen die Kälte, zumal ich so nackt war, wie ich zur Welt kam. In den Nächten behalf ich mich derart, dass ich in das Buschdickicht an den Flussufern kroch und mir darin vor Sonnenuntergang ein Lager herrichtete. Ich grub ein Loch in die Erde und legte eine Menge Holzscheite von Bäumen hinein, die dort in grosser Menge wuchsen. Dazu packte ich zerbrochenes trockenes Holz von den gleichen Bäumen. Um die Grube zündete ich vier Feuer über Kreuz an und achtete darauf, von Zeit zu

Zeit das Feuer anzufachen. Dann machte ich mir Bündel aus langen, dort zu findenden Strohhalmen zurecht, mit denen ich mich in der Grube zudeckte. Auf diese Weise schützte ich mich vor der nächtlichen Kälte. In einer Nacht kam das Feuer dem Stroh zu nahe, mit dem ich zugedeckt war. Ich lag schon im Schlaf in der Grube, als es hell zu lodern anfing. Obwohl ich eiligst aus der Grube heraussprang, trage ich noch immer die Spur dieser überstandenen Gefahr in meinem Haar mit mir herum. In dieser ganzen Zeit nahm ich keinen Bissen zu mir, weil ich nirgends etwas Geniessbares fand. Da ich barfuss ging, lief mir das Blut von den Füssen. Gott hatte Erbarmen mit mir, denn in dieser Zeit stellte sich kein Nordwind ein. Andernfalls hätte ich keine Aussicht gehabt, am Leben zu bleiben.
Nach fünf Tagen kam ich an ein Flussufer, wo ich meine Indios wiederfand. Sie und die Christen hielten mich bereits für tot und nahmen an, dass mich eine Viper gebissen hatte. Die Christen freuten sich besonders über das Wiedersehen. Sie erzählten, dass sie bis zu dieser Stelle unter nagendem Hunger gewandert waren, weshalb sie mich auch nicht gesucht hatten. An diesem Abend überliessen sie mir ihre Tunas. Am folgenden Tag brachen wir von dort auf und zogen in eine Gegend, in der wir viele Tunas fanden, mit denen alle ihren grossen Hunger stillten. Wir aber dankten Unserm Herrn, dessen Hilfe uns niemals fehlte.

Wie man uns in den folgenden Tagen neue Kranke brachte

In der Frühe des nächsten Tages trafen zahlreiche Indios ein, die mit Wunden bedeckt und recht übel daran waren. Sie suchten Castillo, damit er sie wieder gesund machte. Jeder einzelne Patient bot seinen Bogen und die Pfeile an, die Castillo in Empfang nahm. Er machte das Kreuzeszeichen darüber und empfahl die Kranken Gott Unserm Herrn. Wir alle sandten unsere Gebete zu IHM, so gut wir konnten, dass er sie wieder gesund werden lassen möchte. ER

müsste doch einsehen, dass es kein anderes Mittel gäbe, um jene Menschen zu veranlassen, uns aus diesem jammervollen Leben zu befreien. ER erwies uns ein so grosses Erbarmen, dass bei Tagesanbruch alle so frisch und gesund erschienen und sich so eilig davonmachten, als ob sie niemals eine Krankheit überstanden hätten. Dies alles rief unter ihnen grosses Erstaunen hervor, uns aber veranlasste es zu innigem Dank gegenüber Unserm Herrn, nachdem wir seine Güte vollkommen kennengelernt und die feste Zuversicht erlangt hatten, dass er uns retten und dahin leiten musste, wo wir ihm dienen konnten. Um von mir selbst zu sprechen: ich hatte immer die Hoffnung auf sein Erbarmen bewahrt, dass ER mich aus dieser Gefangenschaft erlösen würde. Dies sagte ich auch immer wieder den Gefährten.
Da in der ganzen Gegend nur von den Wundertaten gesprochen wurde, die Gott Unser Herr durch uns geschehen liess, kamen von vielen Gegenden Indios zu uns, um sich von uns heilen zu lassen. Zwei Tage nach unserer Ankunft langten einige Indios vom Stand der Susolas bei uns an und baten Castillo, einen Verwundeten und andere Kranke zu heilen, wobei sie darauf aufmerksam machten, dass einer darunter schon seinem Ende nahe wäre. Castillo, als Arzt ängstlich, besonders wenn die Heilungen durch unsicheren Erfolg gefährlich werden konnten, glaubte, dass seine Sünden die Ursache sein müssten, dass die Kuren nicht jedesmal gut verliefen. Die Indios forderten darauf mich auf, sie gesund zu machen; denn sie mochten mich gern und erinnerten sich, dass ich sie am Kehlkopf geheilt hatte. Dafür hatten sie uns Nüsse und Felle geschenkt. Dies hatte sich damals zugetragen, als ich mich mit den Christen wieder vereinigte. So musste ich mich abermals zu ihnen begeben, wobei mich Dorantes und Estebanico begleiteten. Als ich in der Nähe des Lagers eintraf, sah ich den Kranken, den wir gesund machen sollten, schon wie tot daliegen. Viel Volk stand weinend um ihn herum. Seine Behausung war zerstört worden, ein Zeichen, dass ihr Besitzer gestorben war. Dort angelangt, fand ich den Indianer mit verdrehten Augen, ohne Pulsschlag und, wie mir schien, mit allen Anzeichen des Todes. In dieser Weise äusserte ich mich auch

gegenüber Dorantes. Ich zog vom Toten eine Matte fort, mit der er oben zugedeckt war. So gut ich konnte, betete ich zu Unserem Herrn, ihn wieder gesund zu machen und gleichfalls alle anderen, die eine Heilung nötig hatten. Nachdem ich das Kreuz geschlagen und ihn mehrmals angeblasen hatte, brachten sie mir seinen Bogen und schenkten ihn mir nebst einem Korb voll gemahlener Tunas. Dann geleiteten sie mich zur Heilung einer Menge anderer Indios, die an einer tiefen Schlafsucht litten, und schenkten mir zwei weitere Körbe mit Tunas, die ich unseren indianischen Begleitern übergab. Darauf kehrten wir zu unserem Lager zurück. Unsere Indios, denen ich die Kaktusfeigen schenkte, blieben dort zurück. Nachts kamen sie wieder zu ihrem Lagerplatz und berichteten uns, dass der Tote, den ich behandelt hatte, in ihrer Gegenwart gesund aufgestanden und umhergegangen war und mit ihnen gesprochen hatte und dass alle von mir Geheilten gesund und munter waren. Dies rief grosse Verwunderung und Erstaunen hervor. . .

. . . In diesem Dorf verbrachten wir drei Tage. Eine Tagesreise entfernt lag ein anderes, in dem uns derartige Regengüsse festhielten, dass wir infolge des angeschwollenen Flusses nicht übersetzen konnten und uns 14 Tage dort aufhalten mussten. In diesen Tagen bemerkte Castillo am Halse eines Indios die Schnalle von einem Schwertgürtel und an ihr befestigt einen Hufnagel. Er nahm sie ihm weg, wir fragten die Indios, was das wäre. Sie gaben uns zur Antwort, dass diese Dinge vom Himmel gekommen seien. Wir fragten weiter nach, wer sie von dort gebracht habe. Sie antworteten, es seien einige Männer mit Bärten wie wir gewesen, die vom Himmel zu diesem Fluss gekommen wären. Sie hätten Pferde, Lanzen und Schwerter bei sich gehabt und hätten zwei der Indios mit den Lanzen getötet. So unauffällig, wie möglich fragten wir sie, was jene Männer getan hätten. Sie erwiderten, dass sie ans Meer gezogen wären, die Lanzen unter das Wasser gesteckt und sich selbst auch unter das Wasser begeben hätten. Später hätte man sie auf der Oberfläche nach Westen schreiten sehen.

Wir dankten Gott Unserm Herrn aus tiefstem Herzen für

das Gehörte. Hatten wir doch die Hoffnung aufgegeben, jemals wieder Nachrichten über die Christen zu erhalten. Andererseits machte uns die Annahme verwirrt und traurig, dass die Zahl jener Leute nur klein war, die zur Entdeckung des Meeres ausgezogen waren. Da jedoch die Kunde über sie so bestimmt lautete, beschleunigten wir unsere Wanderung und erhielten immer mehr Nachrichten über die Christen. Wir gaben den Indios bekannt, dass wir sie suchten, um ihnen nahezulegen, dass sie sie nicht töten oder zu Sklaven machten, sie nicht aus ihren Gebieten vertrieben noch ihnen anderes Ungemach zufügten. Darüber freuten sich die Indios sehr.

Wir wanderten durch wilde Gebiete und fanden alle entvölkert, weil die Bewohner in das Gebirge geflüchtet waren. Sie fürchteten sich vor den Christen und wagten es nicht, ihre Häuser zu bewohnen und die Felder zu bestellen. Es bereitete uns grossen Kummer, das Land so fruchtbar, lieblich, reich an Wasserläufen und Flüssen zu sehen, andererseits aber die Ansiedlungen von Bewohnern entblösst und niedergebrannt, die Menschen elend und krank, auf der Flucht und in Verstecken anzutreffen. Da sie keine Saaten ausbringen konnten, nährten sie sich in ihrer Hungersnot von Baumrinde und Wurzeln. Auch wir gerieten auf diesem Marsch in die gleiche Hungerlage, weil die Leute uns nur unzureichend mit Proviant aushelfen konnten. Denn sie selbst lebten in einem so unglücklichen Zustand, dass ihnen der Tod nahe zu sein schien. Sie brachten uns Decken, die sie vor den Christen versteckt hatten und schenkten sie uns. Sie berichteten uns, wie die Christen ein zweites Mal im Lande erschienen waren, dass sie es verwüsteten, die Dörfer niederbrannten, die Hälfte der Männer, alle Frauen und Kinder fortschleppten und dass diejenigen, die ihren Händen hatten entrinnen können, geflohen waren. So sahen wir sie so mutlos, dass sie es nicht mehr wagten, sich irgendwo wieder fest anzusiedeln. Wir beobachteten, dass sie nicht mehr säen wollten und es auch nicht konnten, dass sie das Land nicht mehr bebauten, vielmehr entschlossen waren, sich eher dem Tod anheimzugeben, als weiterhin so grausam behandelt zu werden. Diese Wahrnehmungen setzten uns in umso grösseres Erstaunen, je mehr wir bedachten, dass sie uns gegenüber so entgegenkommend waren. Denn wir mussten eigentlich befürchten, dass wir nach unserem Eintreffen bei denen, die den Christen Widerstand geleistet und mit ihnen Krieg geführt hatten, schlecht behandelt werden würden, dass man uns entgelten lassen würde, was die Christen ihnen Böses zugefügt hatten. Da aber Gott Unser Herr geholfen hatte, uns bis zu ihnen vordringen zu lassen, fingen auch sie an, uns mit Scheu und Verehrung zu betrachten wie die Stämme, denen wir bis dahin begegnet waren, ja sogar noch mehr, worüber wir nicht wenig erstaunten. Hieraus kann man erkennen, dass alle die Stämme, wenn sie Christen werden und unter die Oberhoheit der Kaiserlichen Majestät kommen sollen, gut behandelt werden müssen. Nur dieser ist der richtige Weg und kein anderer...

...Nachdem wir uns vierzehn Tage dort aufgehalten hatten, traf Alcaráz mit den Christen ein, die den Streifzug in das Gebiet unternommen hatten, und berichtete dem Hauptmann, wie die Indios von den Bergen herabgekommen waren und sich in der Ebene angesiedelt hatten, dass man bevölkerte Ortschaften angetroffen hatte, die zuvor menschenleer und verlassen gewesen waren, dass die Indianer mit Kreuzen in den Händen zum Empfang ausgezogen wären, sie zu ihren Häusern gebracht, ihnen alle ihre Habe geschenkt und mit ihnen zusammen nachts gelagert hatten. Überrascht von diesen Neuigkeiten und auch darüber, dass die Indianer mitteilten, dass sie nunmehr in Sicherheit lebten, trug er seinen Leuten auf, ihnen kein Leid zuzufügen. Damit verliessen sie diese Eingeborenen. Möge Gott, Unser Herr, es in seinem unermesslichen Erbarmen fügen, dass zur Lebenszeit Eurer Majestät unter Ihrer Macht und Herrschaft diese Stämme aufrichtige, gehorsame Untertanen dem Wahren Herrn sein mögen, der sie erschuf und erlöste. Wir sind der festen Überzeugung, dass es sich so verhalten wird und dass Eure Majestät dies alles in die Tat umsetzen muss, was nicht schwerfallen dürfte. Denn auf den zweitausend Leguas, die wir zu Lande und zu Wasser auf Booten durchmassen, und während der zehn Monate, die wir nach der Flucht aus unserer Gefangenschaft rastlos durch das Land wanderten, fanden wir nirgends Menschenopfer oder Götzendienerei. In dieser Zeitspanne zogen wir von einem Meer zum anderen. Auf Grund der Nachrichten, die wir sorgfältig auf dem Weg von einer Küste zur anderen zu erhalten bemüht waren, muss das Land über 200 Leguas breit sein. Wir erfuhren unter anderem, dass es an der Küste des Südmeeres Perlen und viele Schätze gibt, dass auch die wertvollsten und reichsten Gebiete sämtlich in seiner Nähe liegen. . . .

Wie ich die Christen holen liess

Nach fünf Tagen trafen Andrés Dorantes und Alonso del Castillo mit den Leuten ein, die sich zu ihnen begeben hatten. Sie brachten mehr als 600 Personen aus dem früher erwähnten Dorf mit, die von den Christen in die Wälder verscheucht worden waren und sich in der Gegend versteckt hatten. Unsere bisherigen Begleiter hatten sie aus den Wäldern herausgeholt und den Christen übergeben. Diese hatten alle Indios entlassen, die sie bis dorthin geleitet hatten. An meiner Lagerstelle angelangt, bat mich Alcaráz die Bewohner der am Flussufer liegenden Dörfer rufen zu lassen, wo sie im Schutz der Wälder hausten, und sie aufzufordern, uns zu essen zu bringen. Dies war nicht nötig, weil sie stets dafür Sorge trugen, alle Lebensmittel zu bringen, soweit es in ihren Kräften stand. Wir schickten sofort Boten aus, um sie herbeizurufen. Es fanden sich 600 Menschen ein, die uns allen ihnen erreichbaren Mais brachten. Sie transportierten ihn in Gefässen, die mit Lehm verschlossen waren. Sie hatten sie eingegraben und versteckt. Sie schleppten alles heran, was sie besassen, aber wir mochten nur die Lebensmittel und gaben das andere den Christen, die es unter sich verteilten. Danach bekamen wir viel hässlichen Streit mit den Christen, weil sie unsere mitgebrachten Indianer zu Sklaven machen wollten. Infolge unseres Zornes vergassen wir beim Aufbruch viele von unseren Bögen, die wir mitbrachten, Lederbeutel und Pfeile, darunter die fünf mit den Grünsteinspitzen. Alles verloren wir. Wir übergaben den Christen viele Decken aus Büffelfellen und andere Sachen, die wir bei uns hatten. Mit den Indios gaben wir uns viel Mühe, sie zu veranlassen, in ihre Dörfer zurückzukehren, sich in Sicherheit zu fühlen und ihren Mais auszusäen. Sie wollten jedoch unbedingt mit uns weiterziehen und ihrer Gewohnheit gemäss uns erst beim Zusammentreffen mit anderen Eingeborenen verlassen. Sie befürchteten zu sterben, wenn sie, ohne so getan zu haben, zurückkehrten. Wenn sie mit uns zogen, hatten sie keine Angst vor den Christen und ihren Lanzen. Dies verdross die Christen. Sie befahlen ihrem Dolmetscher, ihnen mitzuteilen, dass wir zu ihnen gehörten, dass wir uns seit langer Zeit verirrt hatten und Menschen geringen Standes und Ansehens waren. Sie seien die Herren dieses Landes, denen sie Gehorsam schuldeten und zu dienen hätten. Die Indianer nahmen kaum oder gar nicht Notiz von diesen Redereien. Vielmehr erörterten sie unter sich, dass die Christen logen: wir kämen vom Sonnenaufgang, sie vom Sonnenuntergang; wir machten die Kranken gesund, sie töteten die Gesunden; wir gingen nackt und ohne Fussbekleidung, sie bekleidet, hätten Pferde und Lanzen; wir seien nicht habgierig nach jedem Gegenstand, gäben vielmehr alles, was man uns schenkte, weiter und behielten nichts für uns; die anderen hätten nur die Absicht zu rauben, was sie fanden, und gäben niemals etwas jemand anderem ab. So rühmten sie uns und tadelten die anderen. Dies war die Antwort an den Dolmetscher der Christen. Dasselbe liessen sie die übrigen Indianer wissen, und zwar in der Sprache, in der wir uns mit ihnen verständigten. Diejenigen, die diese Sprache sprechen, nannten wir im eigentlichen Sinn »Primahaitu«. Wir fanden sie mehr als 400 Leguas weit auf unserer Wanderung im Gebrauch, ohne dass es eine andere allgemeine Verkehrssprache unter den Eingeborenen gab. Kurz und gut: nichts konnte die Indianer glauben machen, dass wir zu den anderen Christen gehörten. Nur mit grosser Mühe und nachdrücklichen Aufforderungen veranlassten wir sie

zur Umkehr in ihre Dörfer und ermahnten sie, sich in Sicherheit zu fühlen, ihre Häuser wieder zu beziehen, zu säen und das Land zu bestellen, das infolge der Entvölkerung von Unkraut überwuchert war.
Dieses Land ist zweifellos das beste von allen, die in Indien liegen, das fruchtbarste und reichste an Nahrungsmitteln. Dreimal sät man im Jahr. Es gibt eine Menge von Früchten, lieblichen Flüssen und anderen vorzüglichen Gewässern. Proben und Anzeichen weisen auf Gold- und Silberminen. Die Indios sind dort gut gewachsen. Sie dienen gutwillig allen Christen, die ihre Freunde sind. Sie sind viel klüger als die Indios in Mexiko. Kurz, es handelt sich um ein Land, dem nichts zur Vollkommenheit fehlt.
Beim Abschied sagten uns die Indios, dass sie unsere Anweisungen ausführen und ihre Dörfer wieder in Besitz nehmen würden, sobald die Christen sie verlassen hätten. Mit Nachdruck weise ich darauf hin und bezeuge es, dass, wenn sie es nicht tun sollten, dies nur die Schuld der Christen wäre. Nachdem wir die Indios in Frieden entlassen und ihnen für die mit uns ausgestandenen Unbequemlichkeiten gedankt hatten, schickten die Christen unter Vorbehalt einen Alkalden Cebreros und zwei andere Männer zu uns. Diese führten uns durch Busch und menschenleere Gegenden, um uns von den Indios zu trennen und zu verhüten, dass wir nicht mit unseren Augen und Ohren erfuhren, was sie tatsächlich in diesem Gebiet an Untaten vollbracht hatten. Hieraus tritt klar zutage, wie sehr sich die Menschen in ihren Vorhaben täuschen können. Wir gingen darauf aus, den Eingeborenen, die Freiheit zu verschaffen, und als wir dachten, dies erreicht zu haben, trat gerade das Gegenteil ein. Denn jene Spanier hatten abgemacht, über die Indios, die wir in Sicherheit und Frieden entlassen hatten, herzufallen. Wie sie planten, führten sie es aus. Sie schleppten uns zwei Tage durch diese Öde, ohne Wasser, elend, ohne Weg. Wir alle fürchteten, vor Durst umzukommen, und in der Tat starben sieben Mann. Viele befreundete Indios, die die Christen bei sich hatten, konnten erst am folgenden Tag an die Stelle gelangen, an der wir an diesem Abend das Wasser gefunden hatten.

Mit diesen Leuten marschierten wir etwa 25 Leguas, bis wir an ein von friedlichen Indios bewohntes Dorf kamen. Der uns begleitende Alkalde liess uns dort zurück. Er selbst begab sich drei Leguas weiter in eine Ansiedlung, die Culiacan hiess, wo Melchior Diáz lebte, der Oberalkalde und Hauptmann dieser Provinz.

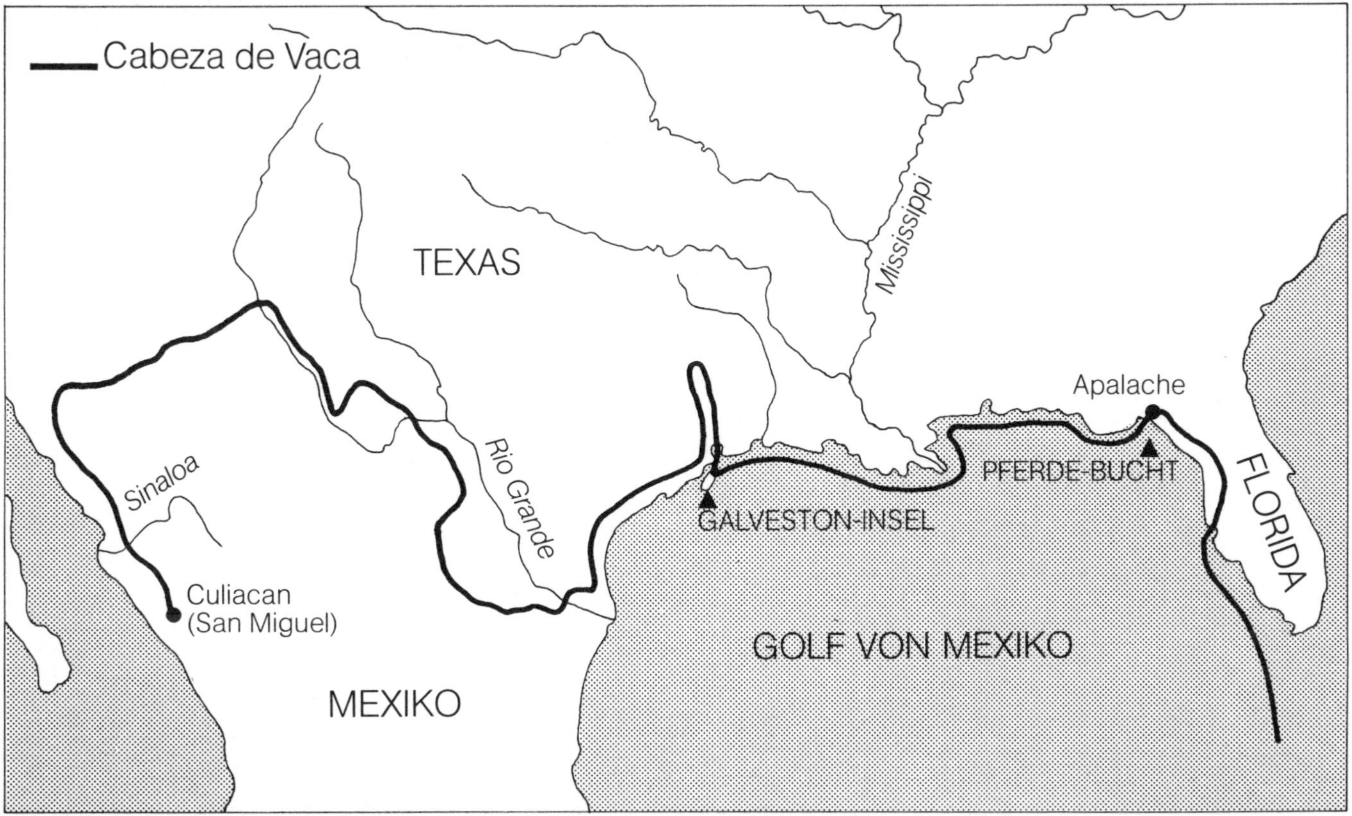
Cabeza de Vaca
TEXAS
Mississippi
Apalache
PFERDE-BUCHT
FLORIDA
GALVESTON-INSEL
Rio Grande
Sinaloa
Culiacan
(San Miguel)
GOLF VON MEXIKO
MEXIKO

Biographische Skizze zu Cabeza de Vaca

Über Cabezas Leben ist eher wenig be-
kannt. Geboren wird er, wahrscheinlich
um 1490, in Jerez de la Frontera als Enkel ca. 1490
des Eroberers der Kanarischen Inseln, Pe-
dro de Vera. Warum Alvar Nuñez nicht
Namen und Wappen der väterlichen, son-
dern der mütterlichen Familie wählt – also
'Cabeza de Vaca' anstatt 'de Vera' – ist
nicht überliefert.

Cabeza wird Soldat. Er kämpft in der
Schlacht von Ravenna, die als eine der 1512
grössten Schlächtereien des Jahrhunderts
gilt; bei Neapel, wo er im Rang eines Fähn-
richs ist; bei Sevilla gegen Aufständische
und bei Navarra gegen die Franzosen.

Als Pánfilo de Narváez von Karl V. das
Kommando über eine Expedition nach 1527
Florida erhält, schliesst Cabeza sich ihm
an. Er ist Pánfilos Stellvertreter und
Schatzmeister und verantwortlich für die
Disziplin der Truppe. In Florida sind
schon zwei Expeditionen gescheitert; und
Pánfilos Fähigkeiten sind auch nicht unbe-
stritten: als er im Auftrag des kubanischen
Gouverneurs den Verräter Cortés in Mexi-
ko verhaften soll, wird er geschlagen, und
seine Soldaten laufen zu Cortés über. –
Wie wir ja schon wissen, ist auch die Expe-
dition in Florida eine Katastrophe: von
den 400 Teilnehmern überleben gerade 4.

Nach seinen Wanderungen von Florida bis
Kalifornien schreibt Cabeza zusammen
mit Dorantes einen ersten Bericht, der 1536
heute verloren ist; etwas später folgt dann
der zweite («Naufragios»), der 1542 im
Druck herausgegeben wird. Dem Wunsch,
seine Entdeckungen im Dienst des Vize-
königs von Mexiko auszuwerten, kommt
Cabeza nicht nach, sondern kehrt nach

1537 Spanien zurück. Man nimmt an, dass er sich dort um eine eigene Expedition nach Florida bewirbt; die Erlaubnis erhält aber Hernan de Soto, und da dieser seine Erfahrungen bei Pizarros Eroberung von Peru gesammelt hat, ist seine Florida-Expedition die bekannte Kette von Unterwerfung, Plünderung, Verwüstung.

1540 Aber auch Cabeza erhält die Erlaubnis für ein neues Unternehmen. Der erste Gouverneur der Rio de la Plata-Provinz (Buenos Aires und Asunción) stirbt auf der Fahrt nach Spanien, und Cabeza wird zum neuen Adelantado ernannt, d.h., er ist Gouverneur, Oberbefehlshaber und Richter in einer Person.

Über die Ereignisse während seiner Amtszeit gibt Cabeza in einem weiteren Bericht («Comentarios») Auskunft, der 1555 gedruckt wird. Um die hier wiedergegebenen Auszüge richtig verstehen zu können, muss man beachten, in welcher Situation und zu welchem Zweck Cabeza diese Darstellung schreibt: seit 1545 läuft gegen ihn im Indienrat, dem Zentralbüro für alle amerikanischen Angelegenheiten, ein Prozessverfahren. Die Anklageschrift umfasst über 30 Punkte, darunter Betrug, Anstiftung zum Aufruhr und – vielleicht am gefährlichsten – Verschwörung gegen den König.

Seine Schrift ist also wesentlich auch eine Verteidigungsschrift; und was könnte den ehemaligen Wunderwirker der Indios besser verteidigen, als eben neue Wunder, die Gott für ihn wirkt? Mindestens vier wunderbare Ereignisse kann er berichten, darunter die folgende Episode, die sich auf der Überfahrt von Europa nach Südamerika ereignet. (Die «Comentarios» sind von Cabezas Sekretär mitverfasst; der «Kommandant» oder «Gouverneur» ist also Cabeza selbst):

Wie wir von der Insel Cap Verde ausliefen.

Nachdem das Leck des Admiralsschiffes geflickt war, versah man sich mit Wasser, Fleisch und andern notwendigen Dingen, und wir begaben uns an Bord, um unsere Reise fortzusetzen. Wir überquerten den Äquator. Nach einer gewissen Zeit wollte sich der Kommandant über die Menge Wasser, die das Admiralsschiff mitführte, unterrichten. Von den hundert Tonnen, die man an Bord gebracht hatte, fand man nicht mehr als drei, die für 400 Mann und 30 Pferde hätten ausreichen sollen. Der Gouverneur befahl, Land anzulaufen, und drei Tage hielt man danach Ausschau. Am vierten, eine Stunde vor Sonnenuntergang, ereignete sich ein überraschender Vorfall, und da er hier nicht fehl am Platz ist, werde ich ihn erzählen. Als die Schiffe gerade im Begriff waren, auf (unter Wasser) hoch emporragende Felsen aufzulaufen, ohne dass jemand von der Mannschaft es bemerkt hätte, fing eine Grille, die von einem Heimwehkranken aufs Schiff gebracht worden war, plötzlich an zu singen. Zweieinhalb Monate waren verstrichen, seit wir ausgelaufen waren, und wir hatten sie nie singen gehört, was den Soldaten, der sie mitgenommen hatte, sehr ärgerte. Als das Tierchen die Erde spürte, nahm es seinen Gesang wieder auf. Diese unerwartete Musik rief die Aufmerksamkeit der Mann-

Cabeza de Vaca
BRASILIEN
BOLIVIEN
Puerto de los Reyes
Paraguay
Paraná
PARAGUAY
Asunción
Paraná
URUGUAY
Buenos Aires
ARGENTINIEN
ATLANTIK

schaft hervor, die die Felsen – kaum mehr einen Bogenschuss weit entfernt – entdeckte. Sofort wurde gerufen, dass man den Anker auswerfen solle, denn wir fuhren geradewegs auf die Riffe zu; dies geschah augenblicklich, was verhinderte, dass wir auf Grund liefen. Mit Gewissheit wären wir alle, die 400 Mann und die 30 Pferde, zugrunde gegangen, wenn die Grille nicht gesungen hätte, und nur durch ein Wunder, das Gott für uns bewirkte, befand sich dieses Insekt bei uns. Seither wiederholte die Grille jede Nacht ihren Gesang, während wir uns über 100 Meilen der Küste entlang bewegten. Von dieser Musik begleitet, kam das Geschwader im Hafen namens Cananea an.

Nach der Ankunft auf der dem südameri- 1541
kanischen Kontinent vorgelagerten Insel Santa Catarina erfährt Cabeza, dass Buenos Aires von aufständischen Indios belagert ist und am Rande einer Hungersnot steht. Er entschliesst sich, seine Schiffe der Stadt zu Hilfe zu schicken, und bricht selber auf dem Landweg nach Asunción auf. Das heisst, dass er sich monatelang durch Dschungelgebiet schlagen und Kämpfe mit Indios gewärtigen muss. Doch das Unmögliche gelingt ihm: Cabeza kann während des 5 Monate dauernden Marsches jede Feindseligkeit mit den als kriegerisch bekannten Stämmen vermeiden. Der einzige Tote ist das Opfer eines Unglücksfalles.

Die Tatsache, dass Cabeza von Asunción 1543
aus bald eine Expedition nach Paraguay unternimmt, lässt darauf schliessen, dass er vom König noch einen besonderen Auftrag erhalten hat: wenn es nicht die Suche

nach einem neuen El Dorado war, so mindestens die Erforschung eines möglichen Landweges in das neuentdeckte Goldland Peru.
Cabeza findet keines von beiden. Nachdem man zu Schiff bis Puerto de los Reyes vorgedrungen ist, zwingen Gelände, Klima und der Zustand der Truppe die Expedition zu einem längeren Aufenthalt an diesem Ort. Mit der Zeit wird die Verpflegung der Truppe immer schwieriger, da es gänzlich Aufgabe der Indios ist, Nahrungsmittel zu beschaffen.
Wie verhält sich ein Kolonisator, der selber unter den Indios gelebt hat, in dieser Zwangssituation?

Der Gouverneur schickt den Hauptmann Mendoza auf die Suche nach Lebensmitteln.

Als der Gouverneur diese Kenntnisse (von der gefährlichen Lage) erhalten hatte, rief er die Offiziere, die Geistlichkeit, die Hauptleute und andere erfahrene Personen zusammen, um sich mit ihnen darüber zu beraten, was zu tun sei; denn alle verlangten Lebensmittel und er hatte keine mehr. Die Truppe war im Begriff, sich aufzulösen, um die Gegend nach Vorräten abzusuchen. Als die Offiziere und Priester beisammen waren, sagte er zu ihnen, dass die Hungersnot, unter der sie alle litten, so gross sei, dass man ohne Verzug Abhilfe schaffen müsse, wenn man ihr nicht unterliegen wolle; dass seines Wissens die Arianicosi-Indios Lebensmittel hätten; und dass er um ihren Rat bitte, was zu tun sei.

Alle antworteten übereinstimmend, dass man den grössten Teil der Truppe zu den Dörfern der Indios schicken müsse, damit sie sich dort aufhalte und Vorräte kaufe, die sofort den Leuten, die mit ihm im Hafen (von Puerto de los Reyes) zurückblieben, geschickt werden müssen. Wenn die Indios sich weigerten, gegen Bezahlung Lebensmittel herbei zu schaffen, müsste man diese mit Gewalt nehmen; und wenn sie sich dem widersetzten, müsse man, in Anbetracht, dass sonst alle Hungers sterben würden, Kampfhandlungen eröffnen. Dies war der Rat, den sie gaben und mit ihrem Namen unterzeichneten. Er entschloss sich also, den Hauptmann, mit folgenden Anweisungen versehen, zu entsenden:

«Hauptmann Gonzalo de Mendoza, folgendes habt ihr in den Dörfern zu tun, in denen ihr für unsere Truppe Nahrungsmittel suchen werdet, damit sie nicht Hungers sterbe: Ihr werdet die Vorräte bezahlen, damit die Socorino, die Sacoci und die andern Völker dieser Gegend zufrieden sind. Ihr sagt ihnen in meinem Namen, dass ich erstaunt bin, dass sie nicht wie die andern Völker des Landes mich besucht haben; dass man mir berichtet hat, dass sie tapfere Leute seien, die ich deshalb sehen möchte, um ihr Freund zu werden. Ihr gebt ihnen von meinen (Geschenk-) Gegenständen; Ihr fügt hinzu, dass sie kommen sollen, um sich wie alle andern Indios Seiner Majestät zu unterwerfen. Wenn sie sich diesen Anordnungen fügen, werde ich ihnen meinen Schutz gegen diejenigen, die ihnen Übles antun wollen, nicht verweigern. Ihr müsst die grösste Auf-

merksamkeit darauf richten, dass beim Zug durch die Dörfer der befreundeten Indios niemand von Eurer Truppe in ihre Wohnstätten eindringt, und dass ihnen keine Gewalt angetan wird. Alles, was Ihr kauft und was sie Euch liefern, muss zu ihrer Zufriedenheit bezahlt werden, damit sie keinen Grund zur Klage haben. Wenn ihr in den Dörfern ankommt, verlangt ihr von den Indios Lebensmittel und ernährt Eure Truppe damit. Ihr bietet ihnen dafür mit freundlichen Worten Eure Bezahlung an; wenn sie Euch keine liefern wollen, mahnt ihr sie ein-, zwei-, dreimal und mehr, kurz, so oft es Euch möglich ist und Ihr nach Gesetz müsst. Ihr bietet vorher den Gegenwert dieser Vorräte an; wenn sie sich trotzdem weigern, Euch davon zu geben, nehmt Ihr sie mit Gewalt, und wenn sie sich Euch mit bewaffneter Hand entgegenstellen, bekriegt ihr sie; denn der Hunger, den wir erleiden, zwingt uns dazu. In allem, was sich dabei ergeben kann, verhaltet Ihr Euch mit soviel Mässigung, wie es angebracht ist im Dienst Gottes und Seiner Majestät, des Königs, der sich so auf Euch verlässt, wie er sich auf irgendeinen seiner Diener verlassen können muss.»

Diese und andere Stellen zeigen, wie sehr sich Cabeza, auch noch wenn es um Leben und Tod geht, an die gesetzlichen Vorschriften hält und äusserste Zurückhaltung befiehlt. Keinem Cortés oder Pizarro wäre es in den Sinn gekommen, Lebensmittel zu bezahlen oder ihren Soldaten das Plündern zu verbieten – es sei denn, dies hätte einen konkreten Nutzen gebracht. Dass

Cabeza das Verbot, in die Häuser der Indios einzudringen, auch noch ausdrücklich für befreundete Stämme erlassen muss, wirft ausserdem ein bezeichnendes Licht auf die Einstellung der Spanier zu den Indios.

Freilich befindet sich der spanische Eroberer und Kolonisator in einer Zwangslage: sein Übersee-Unternehmen muss er selber finanzieren, und diese Summen müssen in den Kolonien 'irgendwie' wieder eingetrieben werden. Da die Kolonisten selber nicht arbeiten, braucht es dazu indianische Arbeitskräfte, deren Stellung durch das Encomienda-System bestimmt wird. Die Indios sind in einer Art Leibeigenschaft an ein bestimmtes Stück Land gebunden, das sie für dessen Besitzer bearbeiten müssen. Dieser lässt sie dafür im christlichen Glauben unterrichten und sorgt für ihren Unterhalt. Rechtlich sind die Indios also keine Sklaven, aber in der Praxis ist das Encomienda-System meistens nichts anderes als Sklaverei. Vor allem der Mönch Bartolomé de las Casas kämpft unermüdlich dagegen, und unter seinem Einfluss will Karl V. es in Mexiko verbieten. Doch Spanien ist weit weg, und Cortés kann es sich leisten, Karl mitzuteilen, dass er diesen Erlass weder bekannt machen noch durchführen werde.

Vermutlich ist die Encomienda auch der Grund, warum die Kolonisten am Rio de la Plata mit Cabeza bald unzufrieden sind. Dort ist sie rechtlich nämlich noch nicht eingeführt, und Cabeza hält sich genau an die Gesetze : zu genau, wie der folgende Abschnitt zeigt:

Als man sich nach der missglückten Landexpedition ins Innere von Paraguay endlich wieder aus Puerto de los Reyes zurückzieht, will Cabeza...

... den Christen nicht erlauben, irgendeines der 100 Mädchen mitzunehmen, die die Einwohner des Hafens den Hauptleuten und den wichtigsten Anführern bei der Ankunft angeboten hatten, damit sie mit den Mädchen zusammen lebten und mit ihnen taten, was die Spanier nach Brauch mit denen zu tun pflegten, die sie in Besitz nahmen. Der Grund für diesen Befehl war, eine Beleidigung Gottes, die durch solches Handeln entstanden wäre, zu vermeiden. Er befahl den Vätern der Mädchen, diese bei der Einschiffung wieder zu sich zu nehmen und bis zu unserer Rückkehr zu behüten, da er sie weder unzufrieden zurücklassen, noch im Lande den Anlass eines Ärgernisses schaffen wollte. Um seinen Befehlen mehr Nachdruck zu geben, liess er eine Anweisung Seiner Majestät veröffentlichen, die jedem unter strengster Bestrafung verbietet, einen Indio aus seinem Land wegzuführen. Diese Massnahme stellte die Indios vollständig zufrieden, aber die Spanier wurden dadurch empört und entrüstet; deshalb wünschten viele dem Gouverneur Übles, und seither war er den meisten ein Gegenstand des Hasses. Dies war ihnen Anlass oder Vorwand für ihr späteres Verhalten, wie ich es weiter unten berichten werde.

Ihr «späteres Verhalten» ist die Absetzung des Gouverneurs kurz nach der Ankunft in Asunción, da er die Kolonie an den Rand des Verderbens geführt habe. Cabeza wird elf Monate in einer Erdhütte gefangengehalten und dann mit zwei Anklägern nach

Spanien gebracht. (Das Amt des Gouverneurs übernimmt Domingo de Irala, der schon vor Cabezas Ankunft diesen Posten für sich beansprucht hat, woraus man schliessen kann, dass er über die Ereignisse vermutlich nicht ganz im Unwissenden war.) 1544

Jahrelang zieht sich der Prozess vor dem Indienrat hin. Die Anklage seiner Gegner beantwortet Cabeza mit einer Gegenanklage. Bis zur Verurteilung muss er in Madrid wohnen, ist sonst aber frei. Dann entschei- 1551
det der Indienrat gegen ihn: er verliert alle Ämter, muss 5 Jahre in Oran (Nordafrika) Dienst tun, darf die indischen Besitzungen bei Todesstrafe nicht mehr betreten, die Geschädigten können von ihm Wiedergutmachung verlangen. Auf den Einspruch Cabezas verzichtet der Indienrat auf den Dienst in Oran und begrenzt das Aufenthaltsverbot auf Rio de la Plata.

Die Gründe für die Verurteilung sind wohl kaum die eher schwachen Anklagepunkte, sondern mehr politischer Natur: Domingo de Irala erreicht 1548 die spanischen Vorposten im Goldland Peru; ihm gelingt also, was Cabeza nicht gelungen ist, und man kann vom Indienrat wohl nicht erwarten, dass er den erfolglosen Cabeza dem erfolgreichen Irala vorzieht. Als Cabeza 1555 aufhört, Eingaben zu einer Revision des Gerichtsurteils zu machen, wird Irala denn auch prompt zum offiziellen Gouverneur in Rio de la Plata ernannt. Ein Jahr später wird die Encomienda auch dort eingeführt.

Cabeza wird nie rehabilitiert. Die letzte dokumentarische Spur, die sich von ihm 1556
finden lässt, ist ein Geschenk von 12000 Maradevi, die der König ihm überweisen

lässt, «damit er seine Krankheit pflegen könne» – eine milde Gabe, nicht etwa eine Pension, für den alten Soldaten.
Sein Todesjahr ist nicht bekannt.

Stichworte zur Entdeckung und Eroberung der Neuen Welt

1. Gewürze...

15. Jahrhundert

Das Europa der beginnenden Neuzeit ist buchstäblich unersättlich in seinem Bedarf an Gewürzen. Nicht nur für die Zubereitung, sondern auch für die Konservierung der Nahrungsmittel sind sie unbedingt notwendig. Wer den Gewürzhandel kontrolliert, bestimmt auch den Verkaufspreis und kann politischen Druck ausüben. Und der Gewürzhandel ist das Monopol der (grosstürkischen und ägyptischen) Mohammedaner. Sie kaufen die Gewürze in Indien ein, bringen sie auf dem Seeweg zum persischen Golf oder zum Roten Meer und von dort auf dem Landweg zu einem Mittelmeerhafen, wo die Kaufleute Venedigs und Genuas sie übernehmen und nach Europa bringen.

... und Neugier

Schon die Griechen der Antike – der Philosoph Aristoteles, der alexandrinische Geograph und Astronom Ptolemäus, und andere – beschäftigen sich mit Gestalt und Umfang der Erde, mit der Verteilung von Land und Wasser. Allgemein setzt sich die Meinung durch, dass die Welt eine Kugel mit nur einem Kontinent, Europa-Asien, sei. Bei der Berechnung des Erdumfangs erhält man verschiedene Resultate, darunter ein ziemlich genaues; leider wird aber ein (um ca. ein Viertel) zu kleines Resultat am populärsten.
Die Frühchristen übernehmen diese Ansichten nicht, sie pflegen das (biblische) Bild der Erdscheibe. Arabische Gelehrte

aber studieren die griechischen Schriften, (vor allem in Tunis, Toledo und Sizilien) und entwickeln neue technische Hilfsmittel für die Seefahrt.

13. Jahrhundert Allmählich erreichen diese Kenntnisse auch die christliche Welt. Reisende wie Marco Polo bringen dazu noch neue Informationen über die riesige Ausdehnung Asiens – und seine Reichtümer. Da also Asien sich so weit nach Osten erstreckt (und der Erdumfang ja so gering ist), würde man im Westen, im unerforschten Atlantik, bald auf bewohntes asiatisches Land stossen... So spekuliert der Engländer Roger Bacon; der Franzose Pierre d'Ailly übernimmt dies in sein Buch «Imago Mundi» (Bild der Welt) – und dieses Buch wird zu einer der Lieblingslektüren eines

15. Jahrhundert gewissen Christoph Kolumbus...

2. Nach Indien: um Afrika herum...

Schon seit dem Anfang des 15. Jahrhunderts wagen sich die Portugiesen immer weiter aufs Meer hinaus, immer weiter nach Süden, der afrikanischen Küste entlang. Afrika kann nicht so gross sein, dass eine Fahrt nach Indien nicht auch auf diesem Weg möglich ist. (Und vielleicht ist die Erde doch keine Kugel...)

1474 Bei Guinea glaubt man triumphieren zu können: die Küste biegt sich ostwärts! – Leider aber nur bis Kamerun, dann geht es wieder nach Süden. Doch das Ergebnis lässt sich auch so sehen; ein profitabler Handel entsteht, der das Interesse für neue Entdeckungsfahrten eine zeitlang erlahmen lässt. Gehandelt wird mit Pfeffer, Elfenbein, Gold und – Negersklaven. Das einstige 'Hobby' der portugiesischen Könige wird zu einem Unternehmen im Interesse der Nation.

Dann umsegelt Bartolomeo Dias das Kap 1487/1498
der Guten Hoffnung, und zehn Jahre später erreicht Vasco da Gama das Zentrum des Gewürzhandels, Calicut, in Indien.

In den nächsten 10 Jahren entreisst Portugal den Moslems den Gewürzhandel und bringt ihn unter seine Kontrolle: Befestigungen werden angelegt, vier strategisch günstig gelegene Gebiete werden zu Kolonien gemacht und zu Stützpunkten ausgebaut. 'Natürlich' müssen auch hie und da widerspenstige Städte beschossen und zerstört werden, und am Ende kommt die militärische Entscheidungsschlacht gegen den Sultan von Ägypten, der (von Venedig
unterstützt!) in einer Seeschlacht geschla- 1507
gen wird.

Von da an fahren regelmässig Handelsflotten um Afrika herum nach Indien, und die deutschen und italienischen Bankiers ziehen von Venedig und Genua nach Lissabon.

. . . oder westwärts?

Das spanische Königshaus ist im 15. Jh. damit beschäftigt, die letzten Mauren aus dem Land zu treiben, also an Expeditionen ins Ungewisse nicht interessiert. Erst nach der Zurückeroberung von Granada, der letzten moslemischen Stadt, erhält der Genueser Kolumbus die Erlaubnis für seine geplante Fahrt, – die Finanzen muss er sel-
ber auftreiben. Nach einer Fahrt von nur 1492

einem Monat (Vasco da Gama wird um Afrika herum drei Monate brauchen!) ist für Kolumbus seine jahrelang hartnäckig verfolgte Idee der Westpassage verwirklicht. Zwar findet er auf den entdeckten (karibischen) Inseln keine Spur vom chinesischen Grosskhan, aber seine Rückkehr bringt ihm trotzdem spektakulären Ruhm.

3. Papst. . .

Auf Wunsch Spaniens bestätigt der Papst, Alexander VI. dessen Anspruch auf die neuen Gebiete und legt eine Demarkationslinie fest, die, in der Mitte zwischen Azoren und den Entdeckungen, die Welt in eine portugiesische und eine spanische Hälfte aufteilt. Dafür müssen sich die beiden Länder zur Bekehrung der Heiden verpflichten.

Das christliche Sendungsbewusstsein, das sich schon in den Kreuzzügen und in der Vertreibung der Mauren gezeigt hat, wird nun auch hier wirksam; der Entdecker und Eroberer darf sich als Kämpfer für die Verbreitung des Glaubens sehen, und dieser Kampf rechtfertigt in seinen Augen vieles, wenn nicht alles.

. . . und König

Der Erfolg von Kolumbus ist zwar gross, trotzdem fehlen ihm für die sofort geplante zweite Reise die finanziellen Mittel. Das Königshaus gibt grundsätzlich nur die Erlaubnis für die 'indischen' Unternehmen, die Mittel hat der Unternehmer selber auf-

zutreiben. Kein Wunder also, dass schon Kolumbus auf die Idee kommt, die Fahrt mit dem Verkauf von Sklaven, jetzt aber Indio- und nicht Negersklaven, zu finanzieren. Dies geschieht auch; doch schon kurz darauf wird die willkürliche Versklavung der Indios samt Sklavenhandel verboten. Indios dürfen nur noch dann ver- 1495
sklavt werden, wenn sie in einem «gerechten» Krieg unterworfen werden müssen, d.h. dann, wenn sie sich weigern, das Christentum anzunehmen. – Ohne einheimische Arbeitskräfte könnten aber die Kolonien nie bewirtschaftet, die Bodenschätze nicht ausgebeutet werden. Da die Indios aber meist nicht freiwillig arbeiten wollen, wird das System der Encomienda (Zwangsarbeit und Leibeigenschaft) eingeführt. So bleiben auch den spanischen Königen ihre Einkünfte aus den Kolonien, ein Fünftel des Ertrages, erhalten, denn sie haben ganz allgemein an den neuen Besitzungen hauptsächlich ein finanzielles Interesse: Karl V. etwa, der auch deutscher Kaiser ist, muss dem Bankhaus der Fugger die Bestechungsgelder zurückzahlen, dank derer er zum Kaiser gewählt worden ist.

4. Entdeckungen...

Die drei weiteren Reisen bestätigen Kolumbus nur, was er schon immer glaubte: dass er Indien entdeckt hat. Daran ändert auch nichts, dass zwar Gold, Perlen und andere Reichtümer, nirgends aber der Hof oder auch nur Aussenposten eines Grossreiches, wie es Marco Polo beschrieben hat, gefunden werden. Nachdem jedoch

eine Expedition unter Vasco Nuñez de Balboa die Landenge von Panama durchquert und auf der andern Seite noch ein
1513 Meer entdeckt; nachdem Amerigo Vespucci schon früher eine zusammenhängende Küstenlinie von Mittelamerika bis hinunter nach Patagonien festgestellt hat, wird es langsam klar, dass es sich hier um einen ganz neuen Kontinent handeln muss, der aufgrund von Vespuccis forscherischen Leistungen dessen Vornamen erhält.

... und Eroberungen...

Haiti und Cuba werden zuerst erobert und besiedelt. Auch wenn man berücksichtigt, dass die Indios gegen die europäischen Krankheiten nicht widerstandsfähig genug sind, so ist es trotzdem bezeichnend für die Art und Weise dieser Kolonialisierung, dass es auf Haiti nach 10 Jahren keine eingeborenen Indios mehr gibt.
1519 Nach immer neuen Gerüchten von einem grossen Reich auf dem Festland erhält Hernan Cortés den Auftrag, dieses von Cuba aus zu suchen. Am Ort der Landung lässt Cortés zuerst eine Stadt, Vera Cruz, gründen und die Schiffe verbrennen. Mit 400 Mann macht er sich dann auf den Weg in Richtung der aztekischen Hauptstadt Tenochtitlán. Dieser Weg ist eine einzige Kette von Überfällen auf ahnungslose Ortschaften, von Massakern an den Bewohnern, Raub, Zerstörung. Trotzdem empfängt ihn der Aztekenherrscher Montezuma ohne Widerstand. Bald darauf halten die Spanier Moctezuma als Geisel gefangen. Cortés hat klar erkannt, dass er sich

nur des Zentrums dieses gutorganisierten Reiches zu bemächtigen braucht, um jeden Widerstand zu ersticken. Dieser bricht aber trotzdem aus, als die Spanier aus Goldgier die Teilnehmer eines religiösen Festes niedermetzeln. 1520

Moctezuma wird bei einer besänftigenden Rede durch Steinwürfe verletzt und stirbt bald darauf. Die Spanier können sich knapp retten, den riesigen Schatz der Azteken müssen sie zurücklassen.

Im nächsten Frühling beginnt der zweite 1521
Eroberungsversuch, diesmal mit indianischen Hilfstruppen aus Tlascala. Gegen den erbitterten Widerstand der Einwohner wird Tenochtitlán Strasse für Strasse erobert, der neue Herrscher Cuauhtemoc gefangen genommen und später wegen angeblicher Verschwörung gehängt; die noch lebende Bevölkerung wird versklavt, die Stadt dem Erdboden gleichgemacht, die Kultur zerstört.

Der einzige Wermutstropfen für die Spanier: der Schatz, von dem man nur einen Bruchteil hatte mitnehmen können, bleibt unauffindbar.

. . . und Eroberungen

Francisco Pizarro hat sich die Lektion aus 1530
den Erfahrungen von Cortés gut gemerkt, als er in den peruanischen Anden Gerüchten nachgehen soll, die von einem zweiten grossen Indio-Reich berichten.

Das Reich der Inka ist gerade am Ende eines Bürgerkriegs, als die Spanier die Anden heraufkommen. Und wie Moctezuma unternimmt auch der neue Inka-Herrscher

Atahualpa nichts gegen sie; im Gegenteil, er räumt eine Stadt, um sie Pizarro als Quartier anzubieten. Pizarro lädt ihn zu einem Besuch ein und nimmt ihn nach der Ankunft gefangen, seine 6000 unbewaffneten Soldaten werden niedergemetzelt. Nach dem Blutbad sind die Spanier Herren eines zweiten Riesenreiches. Als genug Lösegeld für Atahualpa beisammen ist, wird er vor 'Gericht' gestellt und zum Feuertod verurteilt; da er sich aber noch taufen lässt, wird er begnadigt und 'nur' erdrosselt.

1533 Während Cortés Mexiko einigermassen sinnvoll und für seine Zeit sogar 'liberal' verwaltet, beuten Pizarro und seine Leute Peru auf brutalste und kurzsichtigste Weise aus. Seine Willkür ist sogar seinen Landsleuten gegenüber so gross, dass er 1542 ermordet wird.

5. Die Unterwerfung eines halben Kontinents. . .

So einfach wie in Mexiko und Peru ist es für die Spanier später nicht mehr. Wo es noch zentral regierte Königreiche gibt, haben sie, wie in Bogota, nur regional beschränkte Bedeutung. Sie werden 1537 unterworfen.

Von Mexiko aus werden Expeditionen nach Guatemala, Honduras und Kalifornien, von Peru aus nach Kolumbien und Chile geschickt.

1531 In Venezuela hat das zweite grosse Bankhaus Deutschlands, die Welser, von Karl V. das Recht zur Kolonisation erhalten. Unter der Führung von Ambros Alfinger

sucht man nach dem legendären Goldland El Dorado und hinterlässt eine Spur von Mord und Zerstörung. Gold kann in grosser Menge von den Indios erpresst werden, doch muss es ironischerweise in schwierigen Situationen aufgegeben werden.
Zuletzt werden Chile und Argentinien unterworfen, da hier der Widerstand der Indios am längsten andauert.
Brasilien, das bei der Aufteilung durch den Papst an Portugal gekommen war, wird, lange Zeit sich selbst überlassen, von den Franzosen und ausgesetzten Sträflingsbanden geplündert.

. . . und die Folgen in Europa

Jährlich verlassen Gold- und vor allem Silbertransporte die Neue Welt. Dieser Zustrom verwandelt Europas Wirtschaft. Das ganze Mittelalter hindurch hat ein Mangel an Münzen geherrscht, jetzt aber wird der Markt vom spanischen Reichtum geradezu überschwemmt. In der Folge steigen die Preise beständig, und vor diesem Phänomen sind die Regierungen völlig hilflos.
Vor allem ist natürlich Spanien davon betroffen: in der zweiten Hälfte des 16. Jahrhunderts, als das spanische Weltreich errichtet ist und die Legenden von den unermesslichen Schätzen der Neuen Welt wahr geworden sind, macht die spanische Regierung unter Philipp II. dreimal Bankrott.

Bibliographie

A. Originaltexte

– Nicht erhalten ist der erste Erlebnisbericht, den Cabeza zusammen mit Dorantes verfasst. Er wird aber (bearbeitet) vom Hofgeschichtsschreiber Oviedo y Valdés in seine «Historia general y natural de las Indias» (Buch 35) aufgenommen.

– Der von Cabeza allein verfasste, unter dem Titel «Naufragios» bekannte Bericht («relacion») über die gleichen Ereignisse erscheint 1542 gedruckt in Zamora:
La relacion que dio Alvar nuñez Cabeça de Vaca de lo acaescido en las Indias en la armada donde yva por governador Páphilo de narbáez, desde el año de veynte y siete hasta el año de treynta y seys que bolvio a Sevilla con tres de su compañia.

– Über seine Tätigkeit in Südamerika gibt Cabeza im Bericht mit dem Titel «Comentarios» Auskunft, der zusammen mit den «Naufragios» 1555 in Valladolid gedruckt herausgegeben wird:
La relacion y comentarios del governador Alvar nuñez Cabeça de Vaca, do lo acaescido en las dos jornadas que hizo a las Indias. Con privilegio.

B. Neuere Ausgaben und Übersetzungen

– Naufragios y Comentarios. Madrid, 1969

– The Narrative of Alvar Nunez Cabeza de Vaca. (Translation by F. Bandelier; with Oviedo's version of the lost joint report). Barre (Mass.), 1972

– Naufrages (et Commentaires). Paris, 1980

– Schiffbrüche. Haar b. München, 1963 (vergr.)

Haniel Long

Haniel Long wird 1888 in Rangun (Burma) geboren, wo sein Vater als methodistischer Missionar arbeitet. Nach drei Jahren kehrt die Familie in die USA zurück, und Haniel Long wächst in Pittsburgh auf, wo er nach dem Studium an der Harvard-Universität dann als Englisch-Lehrer tätig ist (1910-29). Schon während der Universitätszeit arbeitet er aber auch als Journalist und nach dem Umzug nach Santa Fe (New Mexico) widmet er sich ganz der journalistischen und schriftstellerischen Tätigkeit. Hier entstehen zwischen 1929 und seinem Tod die meisten seiner Werke: Gedichte, erzählende Prosa, philosophische und kritische Essays. Hier kommt er auch in Kontakt mit der Kultur der Pueblo-Indios im Rio-Grande-Gebiet.
Mit andern Autoren zusammen gründet er 1936 die «Writers' Edition», ein kooperatives Verlagsunternehmen, das sich für Autoren des Südwestens einsetzt, bis der 2. Weltkrieg die Weiterarbeit unmöglich macht.
Ebenfalls 1936 entsteht nach einigen Entwürfen die Cabeza de Vaca-Erzählung, mit deren Stoff sich Haniel Long seit 1915 beschäftigt hat. Genau 400 Jahre nach Cabezas Wanderung verfasst, soll sie ein Denkmal für ihn sein. – Heute gilt sie als Haniel Longs Meisterwerk, was auch durch mehrere Übersetzungen bezeugt wird.
Haniel Long starb 1956.